Stark wie der Tod
ist die Liebe

INGRID RIEDEL

Stark wie der Tod ist die Liebe

DAS HOHELIED

Mit Bildern von Renate Gier

PATMOS VERLAG

VERLAGSGRUPPE PATMOS
PATMOS
ESCHBACH
GRÜNEWALD
THORBECKE
SCHWABEN

Die Verlagsgruppe
mit Sinn für das Leben

Für die Schwabenverlag AG ist Nachhaltigkeit ein wichtiger Maßstab ihres Handelns. Wir achten daher auf den Einsatz umweltschonender Ressourcen und Materialien. Dieses Buch wurde auf FSC®-zertifiziertem Papier gedruckt. FSC (Forest Stewardship Council®) ist eine nicht staatliche, gemeinnützige Organisation, die sich für eine ökologische und sozial verantwortliche Nutzung der Wälder unserer Erde einsetzt.

Bibliografische Information der Deutschen Nationalbibliothek
Die Deutsche Nationalbibliothek verzeichnet diese Publikation in der Deutschen Nationalbibliografie; detaillierte bibliografische Daten sind im Internet über http://dnb.d-nb.de abrufbar.

Alle Rechte vorbehalten
© 2013 Patmos Verlag der Schwabenverlag AG, Ostfildern
www.patmos.de

Gestaltung: Finken & Bumiller, Stuttgart
Umschlagmotiv: © Renate Gier
Druck: Himmer AG, Augsburg
Hergestellt in Deutschland
ISBN 978-3-8436-0436-9

Inhalt

- 7 Vorwort
- 9 Einleitung: Ein Liebeslied in der Bibel

TEIL 1
25 Das Hohelied der Liebe – ein Buch der Bibel

- 27 Das Hohelied Salomos – nach der Übersetzung von Martin Luther (revidierter Text 1984)
- 37 Das Lied der Lieder – Erläuterungen zu den einzelnen Liedtexten

TEIL 2
113 Gestaltungen zum Hohenlied von Renate Gier

- 115 »Zum Einstieg in meine Bilder« – Geleitwort von Renate Gier
- 117 Texturen
- 119 Der Wachscollagen-Zyklus zum Hohenlied
- 146 Zusammenfassung: Ein Schlüssel zum Betrachten und Verstehen der Bilder

- 150 Nachbemerkungen zu den Reproduktionen
- 150 Anmerkungen
- 151 Literatur
- 152 Quellennachweis

Vorwort

Ein Bild von Renate Gier war es, eine ihrer Wachscollagen zum Hohenlied, die mich so stark berührte, dass ich mir auch die Texte des »Liedes der Lieder«, des schönsten unter den Weisheitsbüchern der hebräischen Bibel, unserem Alten Testament, noch einmal vornahm. Seit meiner Jugend, seit meinem Theologiestudium hatte es mich nicht mehr so tief fasziniert wie jetzt, wenn ich einen seiner kraftvollen Texte lese wie diesen:

Lege mich wie ein Siegel auf dein Herz,
wie ein Siegel auf deinen Arm.
Denn Liebe ist stark wie der Tod
und Leidenschaft unwiderstehlich wie das Totenreich. (8,6a)

In der Liebe weiß ich um den Tod, schon in der Jugend, erst recht im Alter. Wo Leben intensiv wird, weiß es um die Vergänglichkeit, um den möglichen Abschied. Dem Wissen und der Weisheit eines großen Liebesgedichts aus dem Alten Orient, aus dem Alten Israel, will ich hiermit erneut nachspüren, vielleicht auch, um noch einmal neu zu buchstabieren, welche Qualität der Liebe es ist, die stark ist wie der Tod.

Auch Renate Giers Gestaltungen, die aus der buchstabierenden Meditation dieser Texte entstanden, entsprangen einem Ringen um das, was Liebe in all ihrer Gefährdung durch Zeit und Tod zu dem macht, was sie ist und von dem der Text weiter sagt:

Ihre Glut ist feurig und eine Flamme des HERRN,
so dass auch viele Wasser
die Liebe nicht auslöschen
und Ströme sie nicht ertränken können.
(8,6b–7a)

Renate Gier hat als ausgewiesene Künstlerin aus den Texten, die sie gestaltend imaginiert, »Texturen« geschaffen, in deren festlicher Farbigkeit in Rot und Silber – später kommt das Blau als Farbe der Transzendenz hinzu – die Liebe aufblüht:

Eine Lohe oh von Ihm her! (8,6b)

– so übersetzt Martin Buber,[1] der als Jude wohl die adäquateste Übersetzung aus dem Hebräischen vorgelegt hat, sprachmächtig in ein eigenständiges Deutsch gefasst.

Um der Vertrautheit mit der Luther-Bibel willen, die viele Menschen mit deutscher Muttersprache ein Leben lang begleitet, lege ich im Folgenden meinen Interpretationen die Luther-Übersetzung zugrunde, die immer wieder zeigt, dass Luther auch ein Dichter und ein Musiker war (auch wenn die revidierten Fassungen – ich verwende die von 1984 – manche seiner ursprünglichen Formulierungen um der besseren Verständlichkeit willen dem heutigen Sprachgebrauch anpassen).

Auch Renate Gier stellt ihren Kompositionen aus Texturen Worte aus dem Hohenlied gegenüber, in Luthers und manchmal auch in Bubers Übersetzung. Es sind freie Beziehungen und Assoziationen zwischen den Texten und ihren Texturen, nicht streng festgelegte, doch in einem der Beispiele ist der Bezug zwischen Text und Bild so eng und relevant, dass er durch hebräische Buchstaben im Zentrum des Bildes betont wird. Es ist die Komposition zu dem Wort »Denn stark wie der Tod ist die Liebe«.

So gehören denn meine auslegenden Texte und Renate Giers Bilder zusammen. Ich wäre ohne diese Bilder nicht darauf gekommen, hätte nicht den Anreiz und nicht die Herausforderung verspürt, die Texte des Hohenlieds neu zu interpretieren.

Besonders anregend und hilfreich waren mir dabei die Auslegungen der Alttestamentler Herbert Haag und Othmar Keel, dazu der Austausch mit meinen Bremer Theologenfreunden Brigitte und Wilhelm Fuhrmann.

Die unverbrauchte Idee, in den Dialogen des Hohenlieds eine neue »Beziehungsphantasie« für die Liebe zwischen Mann und Frau, zwischen dem Männlichen und dem Weiblichen überhaupt zu sehen, jenseits der Muster patriarchaler, aber auch matriarchaler Machtstrukturen, verdanke ich meiner Freundin, der Psychologin Verena Kast.

Lassen wir uns durch das große erotische Liebesgedicht in der Bibel, das »Lied der Lieder«, aufs Neue überraschen. Ob wir nun zu denen gehören, die sich in der Bibel auskennen, für die sie das maßgebende Buch ist, oder auch zu den anderen, die sie noch nicht kennen und bisher nicht viel, vor allem aber nicht das von ihr erwartet haben, was mit den Worten beginnt:

Er küsse mich mit dem Kusse seines Mundes; denn deine Liebe ist lieblicher als Wein. (1,2)

Konstanz, im Sommer 2013
Ingrid Riedel

EINLEITUNG
Ein Liebeslied in der Bibel

Das Hohelied ist ein Liebeslied und spricht die Sprache der Liebe, spricht sie so, wie man seinerzeit im Vorderen Orient gesprochen hat – und heute noch spricht: So sangen die Tuareg-Männer, die unsere Touren durch die algerische Wüste, die Sahara, begleiteten, abends am Feuer. Wir Leute aus Europa lauschten den Melodien, die wie spontan aus dem Augenblick heraus entstanden schienen. Auch fragten wir nach den Texten zum Lied, fragten, wovon sie da sängen in ihrer Sprache, die wir ja nicht kannten. Sie lächelten und sagten, sie sängen natürlich von ihrer liebsten Frau. Wovon sonst?

Die Sprache der Liebe: Nicht nur die Menschen in den Zelten, den Dörfern und Städten des Orients sprechen sie, auch wir versuchen, sie immer neu zu buchstabieren. An den Gedichten des Hohenliedes können wir etwas von dem sehen und neu erkennen lernen, was die Sprache der Liebe ausmacht.

Vor allem anderen ist sie eine Sprache der Wertschätzung, der hohen Achtung vor einander, darauf bedacht, die Selbstachtung und den Selbstwert des geliebten Menschen immer wieder zu steigern, zu erhöhen. Aus diesem Grund spricht der Liebende von seiner Geliebten als einer »Fürstentochter«, und die Liebende nennt den Freund ihres Herzens »König«, so wie auch wir von einem »Märchenprinzen« sprechen oder von unserer »Herzenskönigin«, wenn wir den geliebten Menschen meinen. Der Königsname Salomon wird im Alten Israel im Rahmen des Hochzeitsrituals dem Bräutigam gegeben, einem jeden Bräutigam.

Die Sprache der Liebe ist darüber hinaus eine Sprache des Entzückens, der Ergriffenheit von all dem am Partner oder an der Partnerin, was als schön empfunden wird, zuerst natürlich an der körperlichen Erscheinung:

Siehe, meine Freundin, du bist schön; schön bist du. (1,15)

Charakteristisch am Hohenlied ist zum Beispiel auch dies – für uns eher ungewohnt –, dass die Frau die Schönheit des

Mannes besingt, in ganz eigenen Klängen und Bildern. Nicht weniger typisch und ebenso überraschend ist, dass – mehrheitlich – die Frau es ist, die diese Lieder anstimmt und damit den Mann zur Liebe einlädt und auffordert.

Die Sprache der Liebe erkennt man an der Art und Weise, in der die beiden übereinander sprechen, nämlich so, dass sie den geliebten Menschen auch ihren Freunden und sogar den Fremden liebenswert machen wollen. Ähnliches findet man auch im alt-ägyptischen »Beschreibungslied«, das den geliebten Menschen anderen gleichsam vor Augen malt. Die Sprache der Liebe erkennt man aber vor allem daran, wie die beiden miteinander und zueinander sprechen. Liebende machen einander nicht zum Objekt, sie sprechen zu einem Du, sie sprechen einander an und sprechen einander zu, was sie sagen. Die Sprache der Liebe ist ganz und gar bezogene Sprache.

So ist für das Hohelied die Form des Dialoges charakteristisch, in dem die beiden Liebenden einander ein Wort oder auch ein Bild zuspielen, worauf das Gegenüber sogleich Bezug nimmt. Das Aufnehmen und Weiterführen, das Ausfalten des Stichwortes, das die Partner einander geben, das Auffangen und Weitergeben des »Balls«, den sie einander zuwerfen, ist charakteristisch für diese Sprache.

Die Sprache der Liebe ist eine des Staunens über einander, die immer neue Überraschungen am anderen entdeckt und diese auch benennt. Sie ist eine Sprache der Bitte und der Dankbarkeit; eine Sprache der Sehnsucht und des Glücks der Erfüllung.

Die Sprache der Liebe ist eine symbolische Sprache, denn es lässt sich nicht einfach auf den Begriff bringen, was Liebende bewegt. Gewiss gibt es auch eine direkte Sprache zwischen den Partnern, im körperlich-erotischen Liebesspiel so gut wie in der achtsam aufeinander bezogenen Bewältigung des Alltags. Doch wenn die Liebe selbst als überpersönliche Energie und Macht angesprochen werden will, dann kommt sie nicht ohne Symbolik aus, wenn sie sich nicht poetisch verdichtet wie im Hohenlied.

Die Bilder, die gewählt werden, sind vor allem solche der Natur: der Garten, der Weinstock, die Zyperblumen, die Lilien und Rosen, der Granatapfelbaum, die Palme – hinzu kommen die verführerischen Essenzen, die dem Weihrauchstrauch, der Myrrhe, dem Balsambaum innewohnen. Es sind die Früchte des Gartens, die hier genannt werden, der Granatapfel, der Wein, es sind die Duftkräuter. Viele dieser Bilder sind dem ganzen Vorderen Orient in ihrer erotisch-sexuellen Bedeutung vertraut: Der Weinberg, der Granatapfelbaum, die Palme – alle drei stehen für die Gestalt der Frau, ihre körperlichen Reize und für die Möglichkeiten, sie zu genießen.

Symbolisch zu verstehen sind dementsprechend auch die Wüste, die Felsenhöhlen, das wilde Bergland – als Orte der Einsamkeit, der Verlassenheit und der Gefahr.

Dabei sind die Naturbilder nicht so geschildert, als ob sie von den Liebenden füreinander erst extra hätten gesucht werden müssen. Es ist hier nicht so, als ob der Mensch seine Gefühle erst nachträglich in die Natur hinein verlegte, sondern die Natur als solche ist für ihn voll von Zeichen und Hinweisen auf die Geliebte, auf den Geliebten. Jede Blume, jeder Baum, jede Frucht, Weinberg, Bach, Tal, Felsenklüfte und Gebirge, alles spricht von dieser Liebe, erinnert an die Geliebte: »So wird der Mensch verständlich durch die Natur.«[2]

Es scheint hier ein viel selbstverständlicheres Zusammengehörigkeitsgefühl mit der Natur zugrunde zu liegen als oftmals bei uns heute, die wir vielleicht erst in der Liebe wieder erfahren, dass wir mit allem Lebendigen verbunden sind. Die Bilder sind wunderbare Möglichkeiten, ein Spiel zwischen Verhüllung und Enthüllung auch auf der Ebene der Sprache zu gestalten. Sie stellen die Brücke dar zwischen verklemmter Sprachlosigkeit für erotisch-sexuelle Vorgänge und vulgärem Ans-Licht-Zerren, das allen Zauber zerstört. Auch medizinische Fachausdrücke für Geschlechtsorgane und sexuellen Verkehr ergeben noch keine Sprache der Liebe. In der Sprache der Liebe werden Würde, Intimität und Integrität des Gegenübers gewahrt wie die eigene. Eine solche Sprache des Herzens können wir im Hohenlied heute wieder neu hören und erlernen.

Herkunft und Eigenart

Das Hohe Lied, wie es Martin Luther nannte, wird im Hebräischen als »Lied der Lieder«, Schir ha Schirim, bezeichnet – eine Steigerungsform zu »Lied«, womit es als das höchste, das schönste der Lieder gepriesen wird. So sagt Rabbi Akiba ben Joseph († 137): »Ferne sei es zu denken, dass je ein Mann aus Israel die Heiligkeit des Hohenliedes angezweifelt hätte; denn die Welt ist des Tages nicht wert, an welchem Israel das Hohelied gegeben worden ist. Wenn alle anderen Schriften heilig sind, dann ist das Hohelied hochheilig.«[3] Wusste er, was er damit sagte? Er sagte es immerhin, als auch im damaligen Judentum noch einmal darüber diskutiert wurde, ob das Hohelied wirklich zu Recht in den Kanon der heiligen Schriften gehöre.

Es wäre vieles grundsätzlich anders, lebens- und liebesfreundlicher verlaufen, vor allem in der Geschichte des Christentums, wenn man die hohe Würdigung und Rühmung der erotisch-sexuellen Liebe als einer »Flamme Gottes« ernst genommen und wahrgenommen hätte!

Als Bestandteil der hebräischen Bibel wurde das Hohelied fraglos auch in die Bibel des Christentums aufgenommen und zählt zu den Weisheitsbüchern des sogenannten Alten Testaments.

Das Hohelied ist allerdings kein zusammenhängendes einzelnes Lied, wie man zunächst vom Titel her vermuten könnte, sondern stellt eine Sammlung von Liedern dar. Gut erkennbar ist dies an den oft unlogischen und sprunghaften Übergängen zwischen den einzelnen Texteinheiten und dem fehlenden Zusammenhang des Ganzen.

Es sind zweifellos Liebeslieder, häufig von Frau und Mann im Wechsel gesungen. Hierin besteht die Kohärenz innerhalb der einzelnen Lieder – ein sehr schöner, ein sehr aussagekräftiger Wechselgesang in dem Sinne, dass hier zwei Liebende in ebenbürtiger Weise miteinander in Dialog treten. Oft stimmt die Frau das Lied an und bringt das entsprechende Thema auf.

Viele der Lieder beschreiben und rühmen die Schönheit und Vortrefflichkeit des Liebespartners. Neben der reichen Schilderung weiblicher Schönheit durch den Mann wird von der Frau her immer wieder auch die Schönheit des geliebten Mannes beschrieben: »Wie ein Apfelbaum unter den Waldbäumen ist mein Geliebter unter den Männern.«

Bei der Frage, woher diese Lieder stammen, ist zu bedenken, dass sie das einzige Zeugnis von Liebesliedern in der hebräischen Literatur sind, das uns überliefert ist. So dürfen sie auch als Zeugnisse dafür gelten, dass es solche Lieder, die die erotisch-sexuelle Liebe zwischen Frau und Mann besingen, überhaupt in der hebräischen Literatur gab, also auch außerhalb des biblischen Kanons.

Die Lieder dagegen einem Autor Salomo, dem König Israels, zuzuschreiben, wie es die Tradition will und wie es im Eingangsvers des Hohenlieds selbst behauptet wird, hält der kritischen Bibelwissenschaft nicht stand. Eine solche Zuschreibung entspricht allerdings dem damaligen Zeitgeist insofern, als es damals nicht unüblich war, die Schriften, denen man Geltung und Verbreitung wünschte, unter dem Namen eines bedeutenden Autors zu veröffentlichen. Der Sammler oder die Sammlergruppe, die diese Lieder unter dem Namen Salomos weitergab, wünschte ihnen also eine besondere Geltung in Israel.

Der Name König Salomos, des Sängers und Dichters, des Weisen unter Israels Königen, gab dem entsprechend den Ausschlag dafür, das Buch in den Kanon der Bibel unter die sogenannten Weisheitsbücher, die fünf Megilloth, aufzunehmen.

Einige der Lieder könnten wirklich auf die Regierungszeit Salomos zurückgehen, in der ein aufgeklärter und weltoffener Geist herrschte, der sich auch Umwelteinflüssen öffnete und die Begegnung mit ihnen suchte. Die übrigen Lieder sind zeitlich eher nach dem Exil Israels in Babylon (586–528 v. Chr.) anzusetzen und einzuordnen. Aus dem Exil könnten babylonische Lieder eingeflossen sein, die z.B. mit dem Fruchtbarkeitskult um Ishtar/Astarte und den jugendlichen Tammuz zu tun hatten, nach dem sich die beiden jährlich in der rituell begangenen sogenannten »Heiligen Hochzeit« vereinigten,[4] doch sind uns aus der babylonischen Kultur keine Originaltexte zum Vergleich überliefert.

Wohl liegen uns aber heute zahlreiche ägyptische Liebeslieder zum Vergleich vor, die auch Stilzüge mit den Gedichten des Hohenlieds gemeinsam haben. Vor ägyptischem Hintergrund würde auch verständlich, dass die Frau im Hohenlied wie in der Mythologie des Alten Ägypten eine hochgeachtete Stellung einnimmt.[5] Auch verschiedene, in biblischem Kontext nur selten gebrauchte Ausdrücke weisen nach Ägypten, der Name des Pharao kommt mehrfach vor.

Im Hohenlied finden sich vor allem drei typische Gedichtformen, die es mit der ägyptischen Lyrik gemeinsam hat: das »Beschreibungslied«, das der Schönheit und Vortrefflichkeit des geliebten Menschen gewidmet ist; das »Tür-Klagelied« oder »Tür-öffne-Lied«, das vor der verschlossenen Pforte der Geliebten gesungen wird; schließlich das »Morgen-Trennungs-Lied«, das die gemeinsam verbrachte Nacht beendet.

Eine spezifisch hebräische Stilform der Poesie ist der Parallelismus der Gedichtzeilen oder auch -halbzeilen, der sogenannte Parallelismus membrorum, den wir aus den Psalmen kennen. Er liegt auch den Versen des Hohenliedes zugrunde, auch wenn er dort freier gehandhabt wird. Die Grundstruktur einer Aussage ist auch hier in zwei Halbversen gegeben, von denen der erste die Feststellung eines Sachverhalts übernimmt, z.B. »Denn Liebe ist stark wie der Tod«, während der zweite Halbvers ergänzt und präzisiert, etwa durch eine sinnverwandte, aber pointiertere Aussage, wie: »und Leidenschaft unwiderstehlich wie das Totenreich« – und damit die zuerst noch offene Aussage, die vielen Assoziationen Raum lässt, in eine bestimmte Richtung des Verstehens weist: »Unwiderstehlich« heißt hier zugleich »hart« oder »unerbittlich«.

Es gibt auch den antithetischen Parallelismus, in dem die Aussage des ersten Halbverses durch eine gegenteilige, die auch Wahrheitsanspruch hat, ergänzt wird, z.B.:

Ich bin braun, aber gar lieblich ... (1,5a)

oder:

Wenn einer alles Gut in seinem Hause
um die Liebe geben wollte,
so könnte das alles nicht genügen. (8,7b)

Die Grundgestalt der Liedersammlung »Das Lied der Lieder« ist etwa vom 4. bis 3. Jh. v. Chr. entstanden. Wir müssen es uns wohl so vorstellen, dass ein Sammler oder eine Sammlergruppe im Alten Israel diese Lieder zusammengetragen und schließlich redaktionell bearbeitet hat, um Zusammengehöriges zu kennzeichnen, was manchmal auch durch einen lockeren Handlungsfaden geschieht, manchmal durch ähnliche Bilder und Begriffe, manchmal durch wörtlich wiederkehrende Wendungen wie z.B. die Anrufung der »Töchter Jerusalems«. Doch entzieht sich, wie gesagt, diese Liedersammlung bei genauem Hinsehen immer wieder einer strengeren inneren Logik und Kohärenz: Zum Beispiel ist recht deutlich, dass die drei Lieder, die auf das formal und inhaltlich zentrale Lied 33 »Liebe ist stark wie der Tod« noch folgen, wie angeklebt wirken, da sie formal und inhaltlich gegenüber Lied 33 abfallen und allenfalls durch Stichworte Geld und Besitz an das im Vorherigen genannte Gut anschließen, mehr schlecht als recht.

Andererseits ist doch auch wieder ein lockerer thematischer Zusammenhang und Aufbau der Liedersammlung zu erkennen, daran, dass die Anfangsbilder des Hohen Liedes mehr an eine junge, noch ungebundene Liebe erinnern, die meist im Freien spielt, woraufhin dann wachsende Verbundenheit aufkommt, auch in der häufigen Anrede »meine Schwester, liebe Braut«, und schließlich hochzeitliche Bilder erscheinen: ein Hochzeitszug, ein Hochzeitstanz.

Erfahrungswissen um Liebe und Tod drückt sich schließlich in Lied 33 aus, das man als Höhepunkt des »Liedes der Lieder« betrachten kann.

Die Einteilung der einzelnen Lieder ist in der Auslegung umstritten. In der Luther-Bibel ist das Hohelied bekanntlich in acht Kapitel eingeteilt, womit aber nur die Einteilung, die schon zuvor der lateinischen und griechischen Bibel zugrunde lag, übernommen wurde.

Von der inneren Stringenz her kann diese Einteilung nicht überzeugen: Einmal springt dabei ein und derselbe Vers, der im alten Kapitel begann, ins neue über (vgl. den Übergang von Kapitel 4 zu 5). Ich folge deshalb gerne der Einteilung der Lieder nach Sinneinheiten, wie sie z.B. der Alttestamentler Herbert Haag in seiner Übersetzung vorschlägt.[6]

Die Entstehungszeit des Hohenliedes ist wie gesagt umstritten. Auch wenn im ersten Vers Salomo (965–926 v. Chr.) als Autor genannt wird, reicht dies als historisches Indiz nicht dafür aus, dass die Niederschrift des Buches in seiner Regierungszeit geschah. Auch kann die Überschrift als »auf Salomo bezüglich« verstanden werden, so dass der Text nicht von Salomo verfasst sein muss, wohl aber von ihm handelt. Doch könnten einige der

Lieder im kulturellen Umfeld von Salomos Regierungszeit entstanden sein.

Für das mögliche höhere Alter weiterer Liedtexte spricht deren Nähe zur ägyptischen Lyrik des Neuen Reiches. Dagegen kommen in anderen Gedichten des Hohenliedes auch aramaisierende Sprachformen vor bzw. auch persische Lehnwörter, die erst in der Zeit nach 500 v. Chr. gesprochen wurden, so dass die entsprechenden Texte auch nicht früher datiert werden können.

In den Höhlen von Qumran am Toten Meer wurden zudem Varianten im Textbestand gefunden, die darauf schließen lassen, dass auch im 2. Jh. v. Chr., aus dem diese Texte stammen, der endgültige Text noch immer nicht feststand. Es liegt also ein kreativer Gestaltungsprozess durch die Jahrhunderte hindurch vor. Der wesentliche Teil dürfte aus dem 4. bis 3. vorchristlichen Jahrhundert stammen.

Erotik in der Bibel

Wie kommen diese Liebeslieder in ihrer erotisch-sexuell unbefangenen Sprache überhaupt in die Bibel? Das frühe Israel, das sie in den Kanon der hebräischen Bibel aufnahm, muss sie als »bibelwürdig« empfunden haben, auch wenn der Name Gottes nie genannt wird, allenfalls – je nach Entscheidung der Übersetzer – nur einmal vorkommt: So übersetzt Luther innerhalb von Lied 33: »Ihre Glut ist feurig und eine Flamme des HERRN.« Auch Buber nimmt diese Stelle wahr und übersetzt, die Liebe sei »eine Lohe oh von Ihm her!«[7] Wörtlich spricht die Stelle von »Blitzen«, die im Hebräischen mit einem Wort bezeichnet werden, das »Flammen Gottes« heißt. Aber auch, wenn der König als Hirte bezeichnet wird (so im Psalm 23,1 in Jesaja 6,1ff. und an anderen Stellen), ist dies ein Titel, der im übertragenen Sinn öfters in der Bibel für Jahwe, den Gott Israels gebraucht wird.

Später verstand man die Lieder vor allem als Hochzeitslieder und setzte sie in der Trauungsliturgie ein. Der liebende Mann spricht von der Mitte des Hohenliedes an von »Schwester Braut«. Oder die Rede ist von einem Hochzeitszug, der durch die Wüste führt. Andere Stellen zeigen jedoch eindeutig, dass es sich hier im Hohenlied nicht überall um die eheliche Liebe handelt, sondern um die Suchbewegung junger Liebender zueinander. Die beiden Stellen im Hohenlied, in denen die liebeskranke Frau – der Liebhaber vor ihrer Tür ist jäh verschwunden – nachts ihre Lagerstatt verlässt, um ihn in der Stadt zu suchen, lassen sich eher nicht als das Verhalten einer Ehefrau deuten.

Es geht im Hohenlied weitgehend um den Ausdruck von Liebe um ihrer selbst willen, ohne Rückbezug auf eine mögliche künftige Eheschließung. So wird die Bibel, wie Helmut Gollwitzer sagt, »zur Verbündeten aller Liebenden, die keine andere Legitimation haben als die Liebe«[8].

Wie aber kam unter diesen Voraussetzungen das Hohelied überhaupt in den biblischen Kanon? Auch wenn bei der Entscheidung der damaligen Rabbinen, das Hohelied – neben der Zuschreibung zu Salomo – unter die biblischen Weisheitsbücher, die Megilloth, aufzunehmen, die ursprüngliche Sicht des Liedes als eines erotischen Liebesliedes nicht auszuschließen ist, so war es doch vor allem eine Folge des in der antiken Schriftauslegung üblichen allegorischen Verständnisses, dass man die erotischen Textstellen gleichsam typologisch-allegorisch las und sie auf die Liebe zwischen Gott und seinem Volk bezog. Schließlich setzte man sie als Festrolle für das Passahfest ein, für das Gedenken daran, dass durch Gottes Liebe sein Volk aus der ägyptischen Knechtschaft befreit worden sei.

In die gleichen Fußstapfen der typologisch-allegorischen Auslegung trat später die Kirche und bezog das Hohelied auf Gottes Liebe zur christlichen Gemeinde, zur Kirche; später auch zur Seele des Einzelnen (Origenes). Einflussreicher wurde im Mittelalter die mystische Deutung als die Liebe zwischen Gott und der Seele, Christus und der Seele, die bei Bernhard von Clairvaux und Mechthild von Magdeburg sprachmächtige Vertreter fand.[9]

Im christlichen Mittelalter wurde Sulamith überhaupt als Repräsentantin von Maria angesehen, weshalb dem Hohenlied in der Marienfrömmigkeit der christlichen Mystik eine Hauptrolle zufiel. Auch der *hortus conclusus*, der »verschlossene Garten« des Hohenliedes wurde als ein marianisches Symbol verstanden, dem in der bildenden Kunst, gemäß der Textstelle »Meine Schwester, liebe Braut, du bist ein verschlossener Garten ...« (4,12) zahlreiche innige Gestaltungen gewidmet wurden, in denen oft die ursprüngliche erotisch-sexuelle Bedeutung dieses Symbols noch oder wieder hindurchschimmert.

Im Verlauf der Aufklärung wurde dann ernsthafte Kritik an der allegorischen Auslegung laut. Auch kam die »Dramatische Hypothese« auf, die z.B. den Szenen- und Sprecherwechsel zwischen Frauen- und Männerstimme, zwischen dialogischen und chorischen Wir-Stücken besonders beachtete. So interpretierte man das Hohelied als »Spiel in 5 Akten« oder als Hirtenstück.[10]

Für ein rein weltlich-erotisches Verständnis des Hohenliedes traten eindeutig erst Herder und Goethe ein. Johann Gottfried Herder vertrat in seinen »Liedern der Liebe« (1778) schon die Ansicht, dass das sogenannte Hohelied aus einer »Anzahl von Einzelgedichten« bestehe. Doch ging er noch von einem einzigen Dichter aus, der »einen feinen Faden der

Einheit« hineingewebt habe, es sei »nur Fassung vieler Perlen an Einer Schnur«[11].

Franz Rosenzweig überbrückt in unserer Zeit die traditionelle und die heutige Auffassung mit den Worten: »Nicht obwohl, sondern weil das Hohe Lied ein echtes, will sagen: ein ›weltliches‹ Liebeslied war, gerade darum war es ein echtes ›geistliches‹ Lied der Liebe Gottes zum Menschen. Der Mensch liebt, weil und wie Gott liebt. Seine menschliche Seele ist die von Gott erweckte und geliebte Seele.«[12]

Auch Dietrich Bonhoeffer würdigt noch im Angesicht des Todes, in seinen Briefen aus dem Gefängnis an den Freund Eberhard Bethge, das Hohelied: »Über das Hohe Lied schreibe ich Dir. Ich möchte es tatsächlich als irdisches Liebeslied lesen.« Und er betont ausdrücklich: »Es ist wirklich gut, dass es in der Bibel steht, all denen gegenüber, die das Christliche in der Temperierung der Leidenschaften sehen. (Wo gibt es solche Temperierungen überhaupt im Alten Testament?).«[13]

Auf der Basis vergleichender Religionswissenschaft entstanden in unserer Zeit weitere Deutungstheorien. Eine neuere kultisch-mythologische Theorie – z.B. die von Hartmut Schmökel – geht von gewissen Übereinstimmungen der Lieder des Hohenliedes mit dem sumerischen Ritual der sogenannten »Heiligen Hochzeit« aus, die als großes Fruchtbarkeitsritual zu Ehren der Göttin Ishtar/Astarte und ihrer Verbindung mit dem jungen »Sohngeliebten« Tammuz alljährlich in Sumer begangen wurde, um die Fruchtbarkeit der Felder zu garantieren.[14] So fordert auch die weibliche Stimme im Hohenlied dazu auf, miteinander auf die Felder zu gehen. Diese Theorie versucht, nicht ohne Mühe, eine Liturgie dieser Heiligen Hochzeit von Fruchtbarkeitsgottheiten aus den unterschiedlichen Textteilen des Hohenliedes zu rekonstruieren.

Geht es aber in den Dialogen des Hohenliedes, so wie sie jetzt in der Bibel stehen, wirklich noch um Dialoge göttlicher Wesen? So könnte man rückfragen.

Das neue Modell der Beziehung im Hohenlied

Unter religionsgeschichtlicher Perspektive scheint es heute keine Frage mehr zu sein, dass an einigen Stellen des Hohenliedes wirklich Anklänge an den vorderasiatischen Kult der »Heiligen Hochzeit« zwischen Ishtar/Astarte, der Liebesgöttin, und Tammuz, ihrem Sohn-Geliebten, vorhanden sind, ebenso Anklänge an den Isis-Osiris-Kult Ägyptens.

Unter der Perspektive eines heutigen, existentiell und psychologisch am Hohenlied interessierten Lesers jedoch ist unübersehbar, dass es im Hohenlied nicht mehr um Götterfiguren, sondern um leibhaftige Menschen geht: Im Hohenlied ist »der Mythos der Heiligen Hochzeit [...] umgeformt worden [...] in Richtung einer Beziehung Schwester-Mann – Bruder-Frau«[15], so Verena Kast in ihrem Buch *Paare*, wo sie davon spricht, »wie Götter sich in Menschen spiegeln«[16].

Man kann das Hohelied vor allem unter dem Aspekt einer solchen neuen Beziehungsphantasie oder Beziehungsform sehen. Salomo spricht hier seine Geliebte als »Schwester-Braut« an, und sie wünscht sich an einer Stelle nichts mehr als dies:

O dass du mein Bruder wärest ... (8,1)

Und trotz dieser Phantasien von Geschwisterlichkeit haben sie offensichtlich eine leidenschaftlich-erotisch-sexuelle Beziehung miteinander. Wie ist das zu verstehen?

An sich ist die Anrede mit »Schwester« und »Bruder« unter Liebenden im Alten Orient nicht unüblich, doch ist es außergewöhnlich, wie die Liebenden im Hohenlied diese Anrede nicht nur gebrauchen, sondern wie sie ihr entsprechen, in der ganzen Art und Weise, wie sie miteinander reden.

In den folgenden Textstellen zu Beginn des Hohenliedes kann man mit Verena Kast einen brüderlich-schwesterlich ausgewogenen, gleichberechtigten Liebes-Dialog der Geschlechter sehen:[17]

ER Siehe, meine Freundin, du bist schön; schön bist du, deine Augen sind wie Taubenaugen. (1,15)
SIE Siehe, mein Freund, du bist schön und lieblich.
Unser Lager ist grün. (1,16)
ER Die Balken unseres Hauses sind Zedern, unsere Täfelung Zypressen. (1,17)

Und weiter:

SIE Ich bin eine Blume in Scharon und eine Lilie im Tal. (2,1)
ER Wie eine Lilie unter den Dornen, so ist meine Freundin unter den Mädchen. (2,2)
SIE Wie ein Apfelbaum unter den wilden Bäumen, so ist mein Freund unter den Jünglingen. Unter seinem Schatten zu sitzen begehre ich, und seine Frucht ist meinem Gaumen süß. (2,3)

Der Bräutigam umwirbt sie, indem er sie als »Schwester Braut« anspricht:

Du hast mir das Herz genommen,
meine Schwester, liebe Braut,
du hast mir das Herz genommen
mit einem einzigen Blick deiner Augen ... (4,9)

Und freudig zeigt sie sich im »Hochzeitslied« (7,11–14) als eine selbstbewusste Frau mit großer Freiheit, die weiß, was sie zu geben hat:

Meinem Freund gehöre ich, und nach mir steht sein Verlangen. (7,11)
Komm, mein Freund, lass uns aufs Feld hinausgehen und unter Zyperblumen die Nacht verbringen, (7,12)
dass wir früh aufbrechen zu den Weinbergen und sehen, ob der Weinstock sprosst und seine Blüten aufgehen,
ob die Granatbäume blühen.
Da will ich dir meine Liebe schenken. (7,13)
Die Liebesäpfel geben den Duft,
und an unsrer Tür sind lauter edle Früchte, heurige und auch vorjährige:
mein Freund, für dich hab ich sie aufbewahrt. (7,14)

Auf seine Anrede »Schwester Braut« antwortet sie in spontaner Entsprechung:

O dass du mein Bruder wärest …! (8,1)

Es fällt auf, dass dieser Dialog zwischen Frau und Mann unbedingt auf Augenhöhe, auf bezogener Gegenseitigkeit beruht und geschieht.

Oft, sogar öfter als umgekehrt, geht hier die Initiative des Werbens, das Anstimmen eines Liebeslieds von der Frau aus und wird von dem Mann, dem es gilt, mit großer Bereitschaft, ja Leidenschaft aufgenommen und beantwortet – und mündet in einen wundervollen Wechselgesang ein, in dem die beiden einander ihre hohe Achtung und Wertschätzung und zugleich ihr starkes Angezogensein voneinander zum Ausdruck bringen.

Die volle Gegenseitigkeit, die sich hier zeigt und bezeugt wird, ist nicht mehr die Beziehung zwischen einer überlegenen mütterlichen Frau und einem bezaubernden und bezauberten »Sohngeliebten« wie im Ishtar-Tammuz-Mythos, sondern es ist, wie wir sehen, die ebenbürtige Partnerschaft zwischen einer selbstbewussten Frau, die wohl um ihre matriarchalen Wurzeln noch weiß, und einem »gestandenen« Mann, der sein natürliches Selbstwertgefühl der patriarchal betonten Gesellschaft Israels verdankt.

Auf diese neuartige Konstellation zwischen den Geschlechtern hebt auch Verena Kast ab: »Das scheint mir darauf hinzuweisen, dass der Ishtar-Tammuz-Mythos durch patriarchalen Einfluss umgewandelt worden ist und« – sie unterstreicht das wichtige Ergebnis – »zu einer Beziehungsphantasie geführt hat, die wir vielleicht heute langsam einzulösen beginnen. Die Initiative des Liebeswerbens geht [hier zwar] von der Braut aus. Aber hätte eine Ishtar sagen können: ›Ziehe mich dir nach‹? Wohl kaum«[18], wie Verena Kast betont.

Damit spricht sie in diesem Fall dem patriarchalen Einfluss Israels auch einen progressiven Einfluss auf die ältere matriarchale Tradition zu, auch wenn diese in der aktiv-initiativen Rolle der Frau im Hohenlied spürbar bleibt.

Die Liedersammlung wäre demnach unter der israelitischen Redaktion, die sie zur Aufnahme in die Bibel vorbereitete, gleichsam »vermenschlicht« worden. Es sollte hier nicht mehr um göttliche Gestalten wie im Mythos gehen, nicht mehr um eine Göttin und ihren göttergleichen Sohn-Geliebten, sondern um ein menschliches Paar, um Mann und Frau.

Im Israel der patriarchalen Zeit war es zweifellos wichtig, Wert und Würde der Frau zu betonen, aufrechtzuerhalten und sie dem Mann ebenbürtig zur Seite zu stellen – eine Wertschätzung, die man aus der matriarchalen Tradition der altsumerischen und altägyptischen Hochkulturen noch kannte. Für Israel war es aber ebenso wichtig, die Frau aus dem Göttinnenstatus der Großen Mutter, den sie im Mythos der umgebenden Religionen einnahm, ins Menschlich-Weibliche zurückzuholen, sie gerade als weiblichen Menschen zu achten und ihr als menschlicher Frau einen Mann, der mehr als Sohn-Geliebter ist, zur Seite zu stellen.

Es ist bis heute unbefriedigend für eine Frau, wenn sie vom Mann zu sehr unter dem Aspekt der Mutter gesehen wird und wenn der Mann ihr gegenüber entsprechend sohnhaft bleibt. Sie ersehnt sich den erwachsenen, leidenschaftlich und kraftvoll Liebenden, der sich als ganzer Mensch auf die Beziehung einlässt.

Mit dem Hohenlied wird also eine neue »Beziehungsphantasie« in die Bibel als die maßgebende Schrift des Judentums und später auch des Christentums eingebracht. Diese Beziehungsphantasie drückt sich am Höhepunkt des Liedes der Lieder in dem Treueversprechen aus:

Lege mich wie ein Siegel auf dein Herz,
wie ein Siegel auf deinen Arm!
Denn Liebe ist stark wie der Tod
und Leidenschaft unwiderstehlich wie das
Totenreich. (8,6a)

»So scheint mir kein Sohn-Geliebter zu sprechen«, kommentiert Verena Kast, »wohl aber ein Mann, der um Liebe und Tod weiß.«[19] Ihr erscheint die Beziehungsqualität zwischen einem »Brudermann« und einer »Schwesterfrau« als eine gleichgewichtige Beziehungsphantasie, die, wenn auch aus dem matriarchalen Ishtar-Tammuz-Mythos geboren, im Hohenlied neu formuliert ist, »auf menschlich«, und dies unter dem patriarchalen Einfluss israelischer Bibelgelehrter. So wurde durch diesen Text »zugleich die alte, selbstbewusste Rolle der Frau weiterüberliefert, ironischerweise auch in den Zeiten des patriarchalen Juden- und Christentums bis in unsere Zeit.«[20]

Dies wäre die »Frohe Botschaft« des Hohenliedes, die nur ein »heiliger Geist« – wer sonst? – in die Bibel eingeschmuggelt und darin etabliert haben kann. Es war und blieb nicht selbstverständlich, dass dieser erotische Text in die Bücher der

Heiligen Schrift aufgenommen wurde. Denn viele gelehrte Rabbiner, wie auch später die christlichen Theologen, verstanden den Text des Hohenliedes nicht oder nicht mehr in seiner naturgegebenen Weise als eine neue, vielleicht noch utopische Form der Partnerschaft zwischen einem menschlichen Mann und einer menschlichen Frau, sondern erhöhten und mythologisierten die beschriebene Beziehung aufs Neue, indem sie sie wieder als eine Beziehung zwischen Gott und seinem Volk beschrieben, dies in der damals allgemein üblichen allegorisch-typologischen Auslegungsmethode, der später auch die Kirche folgte, indem sie das Hohelied wie gesagt auf die Beziehung zwischen Gott und der Kirche deutete. Wie man die eindeutig erotischen Bilder dabei einzuordnen hatte, bleibt schwer verständlich. Falls die Frommen einige dieser Bilder als zu direkt und peinlich empfunden haben sollten, wie konnten sie diese dann gar auf die Beziehung zwischen Gott und seinem Volk anwenden?

Dabei hatte das Judentum, trotz der Sündenfallgeschichte, die es noch gar nicht im Sinne einer Erbsünde verstand, ein natürliches Verhältnis zur Liebe zwischen Mann und Frau, die allerdings in die Ehe münden sollte, was gerade auch für jeden Rabbi in Israel galt – was aber einem Priester der katholischen Kirche bis heute versagt bleibt.

Und so hatten beide, Judentum und Christentum, mit dem Hohenlied in ihrer Heiligen Schrift gleichsam einen verborgenen »Schatz im Acker« liegen. Wenn sie wollten, konnten sie eindeutig herauslesen, dass die erotisch-sexuelle Liebe einen Bezug zur Transzendenz habe, dass sie ein heiliges Feuer sei, wie ein Blitz vom Himmel, eine »Flamme des Herrn«, so Luther, oder, so Martin Buber, »eine Lohe oh von Ihm her« (8,6b).

Was kann diese neue Beziehungsphantasie uns heute bedeuten? Es können da natürlich nicht jene sogenannten »Bruder-Schwester-Ehen« gemeint sein, in denen die Sexualität möglichst ausgeklammert bleibt, sondern es geht vielmehr um die Phantasie einer solchen Beziehung, in der bei aller Leidenschaft auch das Element des Geschwisterlichen, Brüderlichen und Schwesterlichen enthalten ist, »als die Möglichkeit des einander Beistehens, ohne dass nach Dominieren und Unterwerfen gefragt würde, also einer ganz besonderen Solidarität. Auch wird dabei eine Nähe phantasiert, die auch Abgrenzung zulässt, ohne dass man sich dabei verlassen vorkommen müsste. Bruder und Schwester gehören einfach zusammen als Kinder derselben Eltern, sogar dann, wenn sie das lieber nicht wahrhaben möchten.«[21]

Die Bruder-Schwester-Beziehung spielt von alters her eine große Rolle innerhalb der menschlichen Beziehungen: Es ist zum

Beispiel nachgewiesen, dass sogar in solchen Kulturen, in denen die Frau als käufliches Eigentum innerhalb einer Ehe galt, sie doch innerhalb der Bruder-Schwester-Beziehung gleichberechtigt blieb.[22]

Um Verlässlichkeit soll es hier gehen, um fraglose Zugehörigkeit, um gegenseitigen Schutz und Solidarität, um eine erotische Beziehung »mit Herz«.

So scheinen die matriarchalen Mythen um Isis und Osiris, wo Isis Mutter, Schwester und Geliebte zugleich ist, oder um Ishtar und Tammuz, wo Ishtar als Mutter einem Sohngeliebten gegenübersteht, doch nicht die geeigneten Paradigmen für die neue Paarphantasie zu sein, da in diesen Mythen die Mann-Frau-Beziehung noch zu ungleichgewichtig ist. Erst mit dem Hohenlied, das sich in seiner Endgestalt, die in die Bibel einging, einer israelitischen Redaktion verdankt, kommt diese neue Beziehungsform wirklich zum Ausdruck. Die damit ins Leben gerufene neue Beziehungsphantasie konstelliert sich bei vielen heutigen Paaren.

Verena Kast beschreibt in dem genannten Buch über Paare auch den Traum einer verheirateten Frau, deren Ehe-Beziehung zu dieser Zeit nach einer Veränderung ruft. Der Traum lautet: »Ich bin in einer benachbarten Stadt. Ich suche dort meinen Mann, der in einem der Häuser eine Wohnung oder ein Büro hat. Warum, weiß ich nicht. Ich weiß aber, welchen Klingelknopf ich drücken muss. Nachdem ich aber geläutet habe, wie wenn ich ganz vertraut wäre mit dieser Wohnsituation, will ich mich noch einmal versichern, dass ich den richtigen Knopf gedrückt habe. Auf dem Schild steht: ›Brudermann‹.«[23]

Überrascht von der Bezeichnung »Brudermann«, erzählt die Frau am nächsten Tag ihrem Partner, was sie geträumt hat. Der Mann, froh darüber, dass seine Frau in dieser schwierigen Phase ihrer Beziehung überhaupt von ihm geträumt hat, reagiert spontan: »Wenn ich dein Brudermann wäre, dann wärst du meine Schwesterfrau.«

Die Ausdrücke, die wir aus dem Hohenlied kennen und die auch dieser Traum aufgreift, »Brudermann« wie »Schwesterfrau«, wurden für die beiden sehr wichtig und bei entsprechenden Gelegenheiten bedeutsam und wohl auch humorvoll verwendet. Die Ausdrücke »Bruder« und »Schwester« allein wären ihnen, wie sie meinten, zu blass gewesen, hätten mit ihrem assoziativen Anklang an Rotes Kreuz oder Mönchtum gar die erotisch-sexuelle Komponente, die beiden entscheidend wichtig war, zu sehr ausgeblendet. Eros und Sexualität, gelebt in tiefer Leidenschaft, doch in der Farbe der Geschwisterlichkeit, in der man einander nicht fremd ist, sondern immer vertrauter in allem Menschlichen wird, darum ging es den beiden wie so manchen in unserer Zeit.

Nicht mehr patriarchale Dominanz des Mannes über die Frau, aber auch nicht matriarchale Dominanz der Frau über den Mann wird künftig gesucht und zu leben sein, sondern nachpatriarchale und nachmatriarchale Geschwisterlichkeit. Das ist die Botschaft des Hohenliedes, die utopische Phantasie einer künftigen Beziehung der Geschlechter.

Nebenbei gesagt, kann solch eine Botschaft, solch eine Beziehungsphantasie nicht nur diejenigen unter uns erreichen, die derzeit in einer erfüllten Liebesbeziehung stehen. »Die Sehnsucht nach Liebe kann [vielmehr] diesen Beziehungsphantasien eine große Intensität verleihen und die Phantasierenden mit Gefühlen des Ganzseins und der Liebe erfüllen.«[24]

Es ist möglich und anregend, diese Beziehungsphantasie auch in Träumen und Imaginationen zu entdecken und daran zu partizipieren: »Nicht nur ein lebendiger Partner regt uns an, eine Beziehungsphantasie zu schaffen und ihn dadurch in seinen besten Lebensmöglichkeiten und in Beziehung zu ihm auch uns selbst in einem neuen Sinn zu sehen. Auch Begegnungen mit Traumfiguren können ähnliche Prozesse auslösen.«[25]

Lassen wir uns also von den Traumfiguren der Bibel, von Salomo und Sulamith, anregen, imaginieren wir sie, begegnen wir ihnen in unserer Phantasie. Damit öffnen wir uns auch für neue Begegnungen mit uns selbst, für die männlichen und weiblichen Seiten unserer Psyche, aber auch für ein mögliches neues Gegenüber, einen neuen Partner, eine neue Partnerin.

Dass das Hohelied in der Bibel steht, ist ein Glücksfall: Es ist nicht nur Dichtung von Rang, sondern eine kühne Utopie, die hier sichtbar wird, die Imagination einer neuen, erotisch-sexuellen Beziehungsform zwischen Frau und Mann, die über patriarchale wie matriarchale Muster und Machtgefälle hinauswächst, ins größere Menschliche, ins Geschwisterliche hinein.

TEIL 1

Das Hohelied der Liebe – ein Buch der Bibel

Das Hohelied Salomos — nach der Übersetzung von Martin Luther

REVIDIERTER TEXT 1984

1

DAS 1. LIED

1 Das Hohelied Salomos. 2 Er küsse mich mit dem Kusse seines Mundes; denn deine Liebe ist lieblicher als Wein. 3 Es riechen deine Salben köstlich; dein Name ist eine ausgeschüttete Salbe, darum lieben dich die Mädchen. 4 Zieh mich dir nach, so wollen wir laufen. Der König führte mich in seine Kammern. Wir wollen uns freuen und fröhlich sein über dich; wir preisen deine Liebe mehr als den Wein. Herzlich lieben sie dich.

DAS 2. LIED

5 Ich bin braun, aber gar lieblich, ihr Töchter Jerusalems, wie die Zelte Kedars, wie die Teppiche Salomos. 6 Seht mich nicht an, dass ich so braun bin; denn die Sonne hat mich so verbrannt. Meiner Mutter Söhne zürnten mit mir. Sie haben mich zur Hüterin der Weinberge gesetzt; aber meinen eigenen Weinberg habe ich nicht behütet.

DAS 3. LIED

7 Sage mir an, du, den meine Seele liebt, wo du weidest, wo du ruhst am Mittag, damit ich nicht herumlaufen muss bei den Herden deiner Gesellen. 8 Weißt du es nicht, du Schönste unter den Frauen, so geh hinaus auf die Spuren der Schafe und weide deine Zicklein bei den Zelten der Hirten.

DAS 4. LIED

9 Ich vergleiche dich, meine Freundin, einer Stute an den Wagen des Pharao. 10 Deine Wangen sind lieblich mit den Kettchen und dein Hals mit den Perlenschnüren. 11 Wir wollen dir goldene Kettchen machen mit kleinen silbernen Kugeln.

DAS 5. LIED

12 Als der König sich herwandte, gab meine Narde ihren Duft. 13 Mein Freund ist mir ein Büschel Myrrhen, das zwischen meinen Brüsten hängt. 14 Mein Freund ist mir eine Traube von Zyperblumen in den Weingärten von En-Gedi.

DAS 6. LIED

15 Siehe, meine Freundin, du bist schön; schön bist du, deine Augen sind wie Taubenaugen. 16 Siehe, mein Freund, du bist schön und lieblich. Unser Lager ist grün. 17 Die Balken unserer Häuser sind Zedern, unsere Täfelung Zypressen.

2

DAS 7. LIED

1 Ich bin eine Blume in Scharon und eine Lilie im Tal. 2 Wie eine Lilie unter den Dornen, so ist meine Freundin unter den Mädchen. 3 Wie ein Apfelbaum unter den wilden Bäumen, so ist mein Freund unter den Jünglingen. Unter seinem Schatten zu sitzen begehre ich, und seine Frucht ist meinem Gaumen süß.

DAS 8. LIED

4 Er führt mich in den Weinkeller, und die Liebe ist sein Zeichen über mir. 5 Er erquickt mich mit Traubenkuchen und labt mich mit Äpfeln; denn ich bin krank vor Liebe. 6 Seine Linke liegt unter meinem Haupte, und seine Rechte herzt mich. 7 Ich beschwöre euch, ihr Töchter Jerusalems, bei den Gazellen oder bei den Hinden auf dem Felde, dass ihr die Liebe nicht aufweckt und nicht stört, bis es ihr selbst gefällt.

DAS 9. LIED

8 Da ist die Stimme meines Freundes! Siehe, er kommt und hüpft über die Berge und springt über die Hügel. 9 Mein Freund gleicht einer Gazelle oder einem jungen Hirsch. Siehe, er steht hinter unsrer Wand und sieht durchs Fenster und blickt durchs Gitter. 10 Mein Freund antwortet und spricht zu mir: Steh auf, meine Freundin, meine Schöne, und komm her! 11 Denn siehe, der Winter ist vergangen, der Regen ist vorbei und dahin. 12 Die Blumen sind aufgegangen im Lande, der Lenz ist herbeigekommen, und die Turteltaube lässt sich hören in unserm Lande. 13 Der Feigenbaum hat Knoten gewonnen, und die Reben duften mit ihren Blüten. Steh auf, meine Freundin, und komm, meine Schöne, komm her! 14 Meine Taube in den Felsklüften, im Versteck der Felswand, zeige mir deine Gestalt, lass mich hören deine Stimme; denn deine Stimme ist süß, und deine Gestalt ist lieblich.

DAS 10. LIED

15 Fangt uns die Füchse, die kleinen Füchse, die die Weinberge verderben; denn unsere Weinberge haben Blüten bekommen. 16 Mein Freund ist mein, und ich bin sein, der unter den Lilien weidet. 17 Bis der Tag kühl wird und die Schatten schwinden, wende dich her gleich einer Gazelle, mein Freund, oder gleich einem jungen Hirsch auf den Balsambergen.

3

DAS 11. LIED

1 Des Nachts auf meinem Lager suchte ich, den meine Seele liebt. Ich suchte; aber ich fand ihn nicht. 2 Ich will aufstehen und in der Stadt umhergehen auf den Gassen und Straßen und suchen, den meine Seele liebt. Ich suchte; aber ich fand ihn nicht. 3 Es fanden mich die Wächter, die in der Stadt umhergehen: »Habt ihr nicht gesehen, den meine Seele liebt?« 4 Als ich ein wenig an ihnen vorüber war, da fand ich, den meine Seele liebt. Ich hielt ihn und ließ ihn nicht los, bis ich ihn brachte in meiner Mutter Haus, in die Kammer derer, die mich geboren hat. 5 Ich beschwöre euch, ihr Töchter Jerusalems, bei den Gazellen oder bei den Hinden auf dem Felde, dass ihr die Liebe nicht aufweckt und nicht stört, bis es ihr selbst gefällt.

DAS 12. LIED

6 Was steigt da herauf aus der Wüste wie ein gerader Rauch, wie ein Duft von Myrrhe, Weihrauch und allerlei Gewürz des Krämers? 7 Siehe, es ist die Sänfte Salomos; sechzig Starke sind um sie her von den Starken in Israel. 8 Alle halten sie Schwerter und sind geübt im Kampf; ein jeder hat sein Schwert an der Hüfte gegen die Schrecken der Nacht.

DAS 13. LIED

9 Der König Salomo ließ sich eine Sänfte machen aus Holz vom Libanon. 10a Ihre Säulen machte er aus Silber, ihre Lehnen aus Gold, ihren Sitz mit Purpur bezogen, ihr Inneres mit Ebenholz eingelegt.

DAS 14. LIED

10b Ihr Töchter Jerusalems, 11 kommt heraus und seht, ihr Töchter Zions, den König Salomo mit der Krone, mit der ihn seine Mutter gekrönt hat am Tage seiner Hochzeit, am Tage der Freude seines Herzens.

4

DAS 15. LIED

1 Siehe, meine Freundin, du bist schön! Siehe, schön bist du! Deine Augen sind wie Taubenaugen hinter deinem Schleier. Dein Haar ist wie eine Herde Ziegen, die herabsteigen vom Gebirge Gilead. 2 Deine Zähne sind wie eine Herde geschorener Schafe, die aus der Schwemme kommen; alle haben sie Zwillinge, und keines unter ihnen ist unfruchtbar. 3 Deine Lippen sind wie eine scharlachfarbene Schnur, und dein Mund ist lieblich. Deine Schläfen sind hinter deinem Schleier wie eine Scheibe vom Granatapfel. 4 Dein Hals ist wie der Turm Davids, mit Brustwehr gebaut, an der tausend Schilde hangen, lauter Schilde der Starken. 5 Deine beiden Brüste sind wie junge Zwillinge von Gazellen, die unter den Lilien weiden. 6 Bis der Tag kühl wird und die Schatten schwinden, will ich zum Myrrhenberge gehen und zum Weihrauchhügel. 7 Du bist wunderbar schön, meine Freundin, und kein Makel ist an dir.

DAS 16. LIED

8 Komm mit mir, meine Braut, vom Libanon, komm mit mir vom Libanon, steig herab von der Höhe des Amana, von der Höhe des Senir und Hermon, von den Wohnungen der Löwen, von den Bergen der Leoparden!

DAS 17. LIED

9 Du hast mir das Herz genommen, meine Schwester, liebe Braut, du hast mir das Herz genommen mit einem einzigen Blick deiner Augen, mit einer einzigen Kette an deinem Hals. 10 Wie schön ist deine Liebe, meine Schwester, liebe Braut! Deine Liebe ist lieblicher als Wein, und der Geruch deiner Salben übertrifft alle Gewürze. 11 Von deinen Lippen, meine Braut, träufelt Honigseim. Honig und Milch sind unter deiner Zunge, und der Duft deiner Kleider ist wie der Duft des Libanon.

DAS 18. LIED

12 Meine Schwester, liebe Braut, du bist ein verschlossener Garten, eine verschlossene Quelle, ein versiegelter Born. 13 Du bist gewachsen wie ein Lustgarten von Granatäpfeln mit edlen Früchten, Zyperblumen mit Narden, 14 Narde und Safran, Kalmus und Zimt, mit allerlei Weihrauchsträuchern, Myrrhe und Aloe, mit allen feinen Gewürzen. 15 Ein Gartenbrunnen bist du, ein Born lebendigen Wassers, das vom Libanon fließt. 16 Steh auf, Nordwind, und komm, Südwind, und wehe durch meinen Garten, dass der Duft seiner Gewürze ströme! Mein Freund komme in seinen Garten und esse von seinen edlen Früchten.

5

1 Ich bin gekommen, meine Schwester, liebe Braut, in meinen Garten. Ich habe meine Myrrhe samt meinen Gewürzen gepflückt; ich habe meine Wabe samt meinem Honig gegessen; ich habe meinen Wein samt meiner Milch getrunken. Esst, meine Freunde, und trinkt und werdet trunken von Liebe!

DAS 19. LIED

2 Ich schlief, aber mein Herz war wach. Da ist die Stimme meines Freundes, der anklopft: »Tu mir auf, liebe Freundin, meine Schwester, meine Taube, meine Reine! Denn mein Haupt ist voll Tau und meine Locken voll Nachttropfen.« 3 »Ich habe mein Kleid ausgezogen, wie soll ich es wieder anziehen? Ich habe meine Füße gewaschen, wie soll ich sie wieder schmutzig machen?« 4 Mein Freund steckte seine Hand durchs Riegelloch, und mein Innerstes wallte ihm entgegen. 5 Da stand ich auf, dass ich meinem Freunde auftäte; meine Hände troffen von Myrrhe und meine Finger von fließender Myrrhe am Griff des Riegels. 6 Aber als ich meinem Freund aufgetan hatte, war er weg und fortgegangen. Meine Seele war außer sich, dass er sich abgewandt hatte. Ich suchte ihn, aber ich fand ihn nicht; ich rief, aber er antwortete mir nicht.

7 Es fanden mich die Wächter, die in der Stadt umhergehen; die schlugen mich wund. Die Wächter auf der Mauer nahmen mir meinen Überwurf. 8 Ich beschwöre euch, ihr Töchter Jerusalems, findet ihr meinen Freund, so sagt ihm, dass ich vor Liebe krank bin.

DAS 20. LIED

9 Was hat dein Freund vor andern Freunden voraus, o du Schönste unter den Frauen? Was hat dein Freund vor andern Freunden voraus, dass du uns so beschwörst? 10 Mein Freund ist weiß und rot, auserkoren unter vielen Tausenden. 11 Sein Haupt ist das feinste Gold. Seine Locken sind kraus, schwarz wie ein Rabe. 12 Seine Augen sind wie Tauben an den Wasserbächen, sie baden in Milch und sitzen an reichen Wassern. 13 Seine Wangen sind wie Balsambeete, in denen Gewürzkräuter wachsen. Seine Lippen sind wie Lilien, die von fließender Myrrhe triefen. 14 Seine Finger sind wie goldene Stäbe, voller Türkise. Sein Leib ist wie reines Elfenbein, mit Saphiren geschmückt. 15 Seine Beine sind wie Marmorsäulen, gegründet auf goldenen Füßen. Seine Gestalt ist wie der Libanon, auserwählt wie Zedern. 16 Sein Mund ist süß, und alles an ihm ist lieblich. So ist mein Freund; ja, mein Freund ist so, ihr Töchter Jerusalems!

6

DAS 21. LIED

1 »Wo ist denn dein Freund hingegangen, o du Schönste unter den Frauen? Wo hat sich dein Freund hingewandt? So wollen wir ihn mit dir suchen.« 2 Mein Freund ist hinabgegangen in seinen Garten, zu den Balsambeeten, dass er weide in den Gärten und Lilien pflücke. 3 Mein Freund ist mein und ich bin sein, der unter den Lilien weidet.

DAS 22. LIED

4 Du bist schön, meine Freundin, wie Tirza, lieblich wie Jerusalem, gewaltig wie ein Heer. 5 Wende deine Augen von mir; denn sie verwirren mich. Deine Haare sind wie eine Herde Ziegen, die herabsteigen vom Gebirge Gilead. 6 Deine Zähne sind wie eine Herde Schafe, die aus der Schwemme kommen; alle haben sie Zwillinge, und keines unter ihnen ist unfruchtbar. 7 Deine Schläfen sind hinter deinem Schleier wie eine Scheibe vom Granatapfel.

DAS 23. LIED

8 Sechzig Königinnen sind es und achtzig Nebenfrauen und Jungfrauen ohne Zahl. 9 Aber eine ist meine Taube, meine Reine; die Einzige ist sie für ihre Mutter, das Liebste für die, die sie geboren hat. Als die Töchter sie sahen, priesen sie sie glücklich; die Königinnen und Nebenfrauen rühmten sie.

DAS 24. LIED

10 Wer ist sie, die hervorbricht wie die Morgenröte, schön wie der Mond, klar wie die Sonne, gewaltig wie ein Heer?

DAS 25. LIED

11 Ich bin hinabgegangen in den Nussgarten, zu schauen die Knospen im Tal, zu schauen, ob der Weinstock sprosst, ob die Granatbäume blühen. 12 Ohne dass ich's merke, trieb mich mein Verlangen zu der Tochter eines Fürsten.

7

DAS 26. LIED

1 Wende dich hin, wende dich her, o Sulamith! Wende dich hin, wende dich her, dass wir dich schauen! Was seht ihr an Sulamith beim Reigen im Lager? 2 Wie schön ist dein Gang in den Schuhen, du Fürstentochter! Die Rundung deiner Hüfte ist wie ein Halsgeschmeide, das des Meisters Hand gemacht hat. 3 Dein Schoß ist wie ein runder Becher, dem nimmer Getränk mangelt. Dein Leib ist wie ein Weizenhaufen, umsteckt mit Lilien. 4 Deine beiden Brüste sind wie junge Zwillinge von Gazellen. 5 Dein Hals ist wie ein Turm von Elfenbein. Deine Augen sind wie die Teiche von Heschbon am Tor Bat-Rabbim. Deine Nase ist wie der Turm auf dem Libanon, der nach Damaskus sieht. 6 Dein Haupt auf dir ist wie der Karmel. Das Haar auf deinem Haupt ist wie Purpur; ein König liegt in deinen Locken gefangen.

DAS 27. LIED

7 Wie schön und wie lieblich bist du, du Liebe voller Wonne! 8 Dein Wuchs ist hoch wie ein Palmbaum, deine Brüste gleichen den Weintrauben. 9 Ich sprach: Ich will auf den Palmbaum steigen und seine Zweige ergreifen. Lass deine Brüste sein wie Trauben am Weinstock und den Duft deines Atems wie Äpfel; 10 lass deinen Mund sein wie guten Wein, der meinem Gaumen glatt eingeht und Lippen und Zähne mir netzt. 11 Meinem Freund gehöre ich und nach mir steht sein Verlangen.

DAS 28. LIED

12 Komm, mein Freund, lass uns aufs Feld hinausgehen und unter Zyperblumen die Nacht verbringen, 13 dass wir früh aufbrechen zu den Weinbergen und sehen, ob der Weinstock sprosst und seine Blüten aufgehen, ob die Granatbäume blühen. Da will ich dir meine Liebe schenken.

DAS 29. LIED

14 Die Liebesäpfel geben den Duft, und an unsrer Tür sind lauter edle Früchte, heurige und auch vorjährige: Mein Freund, für dich hab ich sie aufbewahrt.

8

DAS 30. LIED

1 O dass du mein Bruder wärest, der meiner Mutter Brüste gesogen! Fände ich dich draußen, so wollte ich dich küssen und niemand dürfte mich schelten! 2 Ich wollte dich führen und in meiner Mutter Haus bringen, in die Kammer derer, die mich gebar. Da wollte ich dich tränken mit gewürztem Wein und mit dem Most meiner Granatäpfel. 3 Seine Linke liegt unter meinem Haupt, und seine Rechte herzt mich. 4 Ich beschwöre euch, ihr Töchter Jerusalems, dass ihr die Liebe nicht aufweckt und nicht stört, bis es ihr selbst gefällt.

DAS 31. LIED

5a Wer ist sie, die heraufsteigt von der Wüste und lehnt sich auf ihren Freund?

DAS 32. LIED

5b Unter dem Apfelbaum weckte ich dich, wo deine Mutter mit dir in Wehen kam, wo in Wehen kam, die dich gebar.

DAS 33. LIED

6 Lege mich wie ein Siegel auf dein Herz, wie ein Siegel auf deinen Arm. Denn Liebe ist stark wie der Tod und Leidenschaft unwiderstehlich wie das Totenreich. Ihre Glut ist feurig und eine Flamme des HERRN, 7 so dass auch viele Wasser die Liebe nicht auslöschen und Ströme sie nicht ertränken können. Wenn einer alles Gut in seinem Hause um die Liebe geben wollte, so könnte das alles nicht genügen.

DAS 34. LIED

8 Unsre Schwester ist klein und hat keine Brüste. Was sollen wir mit unsrer Schwester tun, wenn man um sie werben wird? 9 Ist sie eine Mauer, so wollen wir ein silbernes Bollwerk darauf bauen. Ist sie eine Tür, so wollen wir sie sichern mit Zedernbohlen. 10 Ich bin eine Mauer, und meine Brüste sind wie Türme. Da bin ich geworden in seinen Augen wie eine, die Frieden findet.

DAS 35. LIED

11 Salomo hat einen Weinberg in Baal-Hamon. Er gab den Weinberg den Wächtern, dass jeder für seine Früchte brächte tausend Silberstücke. 12 Mein Weinberg gehört mir. Die tausend lasse ich dir, Salomo, und zweihundert den Wächtern seiner Früchte.

DAS 36. LIED

13 Die du wohnst in den Gärten, lass mich deine Stimme hören; die Gefährten lauschen dir. 14 Flieh, mein Freund! Sei wie eine Gazelle oder wie ein junger Hirsch auf den Balsambergen!

Das Lied der Lieder — Erläuterungen zu den einzelnen Liedtexten

Da das Hohelied eine Sammlung einzelner Gedichte, Liedtexte, darstellt, wollen sie auch als einzelne gelesen und gehört werden. Dies will ich in diesem Kapitel versuchen, indem ich mich der Interpretation der einzelnen Lieder zuwende. Ich möchte dem besonderen Klang eines jeden dieser Lieder nachhorchen, den besonderen Bildern und auch der besonderen Aussage nachspüren, die jedem dieser Liedtexte eigen sind. Sie führen uns zu verschiedenen Orten und Landschaften, zu verschiedenen Stimmungen und Atmosphären, auch in verschiedene Stationen und Phasen einer Liebesbeziehung. In dieser Verschiedenheit drückt sich die ganze Vielfalt, die Farbigkeit, die Fülle orientalischer Liebesdichtung aus.

Die sprunghaften Übergänge vom einen Lied zum anderen zeigen immer wieder an, dass es sich bei den einzelnen Liedern um ursprünglich selbstständige Gedichteinheiten handelte, die von den Sammlern nur lose durch einen roten Faden verbunden wurden, der die allmähliche Entwicklung einer freien Liebesbegegnung zu einer verbindlichen Beziehung aufzuweisen sucht. Auch diesen roten Faden möchte ich sichtbar machen.

1

DAS 1. LIED

1,1 Das Hohelied Salomos.

1,2 Er küsse mich mit dem Kusse seines Mundes;
denn deine Liebe ist lieblicher als Wein.

1,3 Es riechen deine Salben köstlich;
dein Name ist eine ausgeschüttete Salbe,
darum lieben dich die Mädchen.

1,4 Zieh mich dir nach, so wollen wir laufen.
Der König führte mich in seine Kammern.
Wir wollen uns freuen und fröhlich sein über dich;
wir preisen deine Liebe mehr als den Wein.
Herzlich lieben sie dich.

Von dem Wunsch nach einem Kuss von ihm wechselt die Sprechende ins Du, ins Sprechen zu ihm, zuletzt ins Wir, mit dem sie ausdrückt, dass sie sich gemeinsam mit allen über den vortrefflichen Mann, Salomo, freuen will.

Sulamith sehnt sich nach Küssen, die tiefer trunken machen können als Wein. Die Sehnsucht, von dem Geliebten geküsst zu werden, steht am Anfang, ist wie eine Überschrift über dem ganzen Hohenlied. Diese Sehnsucht wird von der Frau offen ausgesprochen. Es ist etwas ganz Neues, Revolutionäres im Verhältnis der Geschlechter im israelischen Patriarchat, dass sie als Frau dieses Lied anstimmt und in dieser Weise. Die Grundform des Liedes weist vielleicht zurück auf einen Ursprung des Liedes im ägyptischen oder vorderasiatischen Raum, in dem, vor allem in Ägypten, die Frau hoch geachtet war. Es sagt aber auch untrüglich, dass solche neuen, souveränen Verhaltensweisen der Frau in die außerbiblische Literatur Israels und schließlich auch in den Kanon der Bibel Eingang gefunden haben und dass damit seine revolutionäre Botschaft übernommen wurde, warum auch immer und von wem auch immer. Als Lieder aus dem damaligen Vorderen Orient können sie von matriarchalen Unterströmungen beeinflusst sein, die dort noch lebendig waren und als deren Zeugnisse sie in die israelitische Literatur aufgenommen wurden.

Die besondere Rolle der Frau, die den Mann zur Liebe einlädt, anregt, ihn jedoch nicht dominiert, sondern ihn zur Partnerschaft auf Augenhöhe ermutigt, ist ein besonderes Merkmal des Hohenliedes. Wein, duftende Salben und Öle sind die Ingredienzien für eine festliche Erhöhung des Lebens, auch bei uns heute, wie erst recht damals im Alten Orient. Mit feinen Salben und Ölen intensivieren die Frau wie auch der Mann ihre körperliche Ausstrahlung, mit Wein feiern sie ihre festliche Gemeinsamkeit. Köstlicher als das alles ist aber die Liebe selbst: Den Namen des geliebten Mannes zu hören, ist für die Frau wie den Duft eines ausgegossenen Nardenöls einzuatmen, der das ganze Haus durchströmt. »Dein Name ist Salböl« könnte man auch übersetzen.

Der Name steht im Alten Israel für das Wesen eines Menschen. In der Liebe kennen wir ein ähnliches Erlebnis: Den Namen des geliebten Menschen unvermutet zu hören, lässt uns leise erbeben, ja vibrieren, er umströmt uns wie ein Duft. Es mag auch noch auf etwas Besonderes hinweisen, dass der Name dieses Mannes – Salomo – mit ausgegossenem Öl verglichen wird: Er wird damit als einer benannt, der sich verströmen, der sich hingeben kann. Der Name Salomo hängt zugleich mit »Frieden« – Schalom – und mit einem Ganzsein und Heilsein zusammen, das mehr ist als das Ideal der Vollkommenheit eines Mannes, nämlich vielmehr sein Ganzsein, in dem nichts verdrängt und verborgen ist und in dem alles, Helles und Dunkles, zusammengehört.

Ein solcher Mann, der sich verströmt wie Salböl, ist also der Geliebte ihrer Sehnsucht. Mit dem Namen Salomo ist übrigens in Israel die Hoffnung auf Erlösung verbunden. Auch gilt Salomo, der Dichter und Sänger, als Inbegriff »salomonischer Weisheit«.

Wegen dieser Ausstrahlung wird Salomo geliebt – von allen, die ihm begegnen, ein Mann, der Frauen anrührt. Er ist keiner von denen, die aus ihrer Verschlossenheit erst entdeckt und erweckt werden müssten, nein, er ist überhaupt liebenswert, hat überhaupt Ausstrahlung. Erst recht ist es beglückend, seine besondere Zuwendung zu erfahren.

Die Frau, die dieses Lied anstimmt, möchte von ihm mitgenommen werden, mit ihm gehen, bis in die Kammer, in das »ummauerte Dunkel seiner Innenräume« (Brigitte Fuhrmann), wo er ihr zum König wird, zum König ihres Herzens, wo sie eine Seele und ein Leib mit ihm werden möchte. Die dichtende Frau ist hier ganz in Bewegung, lässt sich hinreißen, will jauchzen und erzittern in der Begegnung. Sie wollen sich miteinander freuen und die Liebe selbst noch ungleich tiefer preisen als den Wein, der doch, wie die Bibel weiß, als Freudenspender für die Menschen geschaffen ist (Psalm 13; Psalm 104,15) und der hier wie immer auch Symbol glücklicher Trunkenheit sein kann! Im alten Griechenland gehörte bekanntlich der Wein zu Dionysos, dem ekstatischen, weinlaubbekränzten Gott.

Ein Sehnsuchtsspiel der Liebe, vom ersten Kuss bis zur Erfüllung im königlichen Gemach wird hier ausphantasiert oder auch schon als geschehen beschrieben, in diesem ersten Lied.

Mehrfach wechselt die Anredeform, beginnt zuerst mit einer Phantasie über ihn, spricht in der 3. Person über ihn, per »Er« – »Er küsse mich mit dem Kusse seines Mundes« –, geht aber schon in der nächsten Halbzeile ins »Du« über: »Denn deine Liebe ist lieblicher als Wein«, von wo sie dann ins »Wir« mündet: »Zieh mich dir nach, so wollen wir laufen. ... Wir wollen uns freuen und fröhlich sein über dich.« Es geht dabei wohl kaum um einen versehentlichen Stilbruch innerhalb der Zeilen, eher um wechselnde Personen, um die Frau, um den Mann, um den Dichter, vor allem lässt sich dieses dialogische Spiel als eine wechselvolle Annäherung aneinander verstehen, so dass die Frau aus einer gewissen Scheu heraus zunächst per »Er« von ihm redet, bis sie dann, mutiger geworden, per »Du« zu ihm spricht.

Auch in altägyptischen Liebesliedern, von denen vermutlich zahlreiche Einflüsse ins Hohelied eingegangen sind,[26] findet sich ein solcher Wechsel von »objektiven« Aussagen über den Liebespartner und einer direkten Anrede an ihn.

Duftende Verse von Küssen, von Wein und köstlichen Salben sind es, in denen eine Frau eine Beziehung sucht, die mehr ist als Salbe und Wein. Die etymologische Figur übrigens, »küssen mit dem Kuss«, die Verbindung eines Verbs mit einem Objekt, das vom selben Wortstamm abgeleitet ist, gilt in den semitischen Sprachen als ein beliebtes Stilmittel, um eine Aussage zu intensivieren.

DAS 2. LIED

1,5 *Ich bin braun, aber gar lieblich, ihr Töchter Jerusalems,*
wie die Zelte Kedars, wie die Teppiche Salomos.

1,6 *Seht mich nicht an, dass ich so braun bin;*
denn die Sonne hat mich so verbrannt.
Meiner Mutter Söhne zürnten mit mir.
Sie haben mich zur Hüterin der Weinberge gesetzt;
aber meinen eigenen Weinberg habe ich nicht behütet.

Die junge Frau, die soeben von ihrer Sehnsucht nach der Ganzheit der Liebe zu ihrem Geliebten gesungen hat, blickt im zweiten Lied auf sich selbst, die braun (in anderen Übersetzungen – wie in Luthers Urfassung – auch: schwarz) und doch schön ist, zugleich also unansehnlich und doch schön.

Dieser Ausspruch (1,5), in dem die beiden Halbverse eine gegenteilige Aussage machen, ist ein Beispiel für einen »antithetischen Parallelismus« in der hebräischen Poesie, während der nächste (1,6) »Seht mich nicht an, dass ich so braun bin; denn die Sonne hat mich so verbrannt«, ein Beispiel für einen synthetischen Parallelismus ist, in dem beide Halbverse einander ergänzen und weiterführen.

Die Sprechende ist selbstbewusst und doch ringt sie auch um ihr Selbstbild, ihren Selbstwert. Vielleicht sollte man übersetzen: »Starrt mich nicht so an, weil ich braun bin«, um den Satz verständlicher zu machen, oder: »Legt mich doch nicht darauf fest, dass ich braun bin«, denn, so erklärt sie, es war die Sonne, die mich verbrannt hat.

Sonnenverbrannt, wie man bei der Arbeit im Freien, im Weinberg wird, ja schwarzbraun, schildert sich die junge Frau, die hier ihrem Salomo das Liebeslied singt.

Aus schwarzem Ziegenhaar sind bis heute auch die Beduinenzelte gemacht, z.B. diejenigen der Stämme Kedars. Den dunklen Zelten der Kedar-Stämme, Nachfahren des verstoßenen Ismael, vergleicht sich Sulamith hier. Sie vergleicht sich mit einer, die ein freies Leben in der Weite der Wüste führt, und mit dem Schwarz der Zelte, die ihr dennoch ein Dach über dem Kopf geben. Sulamith, auch wenn sie Nubierin wäre, entspricht mit ihrer dunklen Haut nicht dem städtischen Schönheitsideal, das schon damals in Israel herrschte, nämlich eine möglichst helle, weiße Hautfarbe zu haben. Auch in Ägypten legten die Frauen Wert auf eine möglichst helle Haut, wie ägyptische Wandmalereien verraten. Dem entgegen nennt sich die Liebende des Hohenliedes – Sulamith – selbstbewusst »braun, aber gar lieblich«.

»Lieblich« heißt hier zugleich liebenswert, was sie durch die Liebe ihres Freundes weiß, ihr Selbstwertgefühl als geliebte Frau verratend. »Weil du mich anblickst, werd' ich schön«, so singt auch die südamerikanische Dichterin Gabriele Mistral.

Auch in dem Namen Sulamith steckt das Wort Schalom, Frieden: Als »Sulamith« heißt sie »Eine, die Frieden findet«, wie es auch im letzten Vers des Hohenliedes ausdrücklich übersetzt und bestätigt wird.

Dass sie die Weinberge zu bewachen hat – im realen wie im symbolischen Sinne –, wozu die Söhne ihrer Mutter, ihre Brüder, sie offenbar »verdonnert« haben, bedeutet, dass sie kostbares Gut zu bewahren hat. Weinberge sind so wertvoll im wüstennahen Land Israel, dass sie auch zur Metapher für Anderes, Kostbares wurden, z.B. für die Köstlichkeit eines weiblichen Körpers.

Wir wissen, wie orientalische Männer – Väter, Brüder – tyrannisch über die Ehre ihrer Schwester wachen können. Den eigenen Weinberg habe sie aber trotz des Zwangs und Zorns der Brüder nicht hüten können, so sagt sie hier freimütig, ohne falsche Scham. Vielleicht bedeutet dies, dass sie sich bereits ihrem Geliebten hingegeben hat, noch vor einer gesetzlichen Bindung. Gesetzlichkeit hat keinen eigenen Raum in dieser Liebe. Indem sie sich in diesem zweiten Lied »braun« nennt, doch »lieblich«, deutet sie an, dass Liebe für sie gerade das Gegensätzliche zusammenbringt, das Dunkle, Schattenhafte einbezieht; dass wirkliche Liebe mehr sucht als das Frauenideal, das Keuschheits- und Schönheitsideal ihrer Gesellschaft, ihrer Brüder und wohl auch der »Töchter Jerusalems«; dass sie die Schönheit einer Sonnenverbrannten erkennt, die in Freiheit liebt und lebt. Es geht in dieser Liebe um eine Ganzheit, die nicht durch strenge Orientierung am gängigen Frauenideal zu verwirklichen ist.

Oder sieht sie hier in den Töchtern Jerusalems nicht nur die möglichen Kritikerinnen, sondern ruft sie – gegen die Brüder, die Vertreter patriarchaler Gesetzlichkeit – vielleicht auch als solidarische Schwestern an, als ihre weiblichen Schicksalsgenossinnen, mit der Bitte, sie nicht auf ihr Dunkelsein festzulegen? Es gibt noch Anderes in ihr.

DAS 3. LIED

1,7 *Sage mir an, du, den meine Seele liebt,*
wo du weidest, wo du ruhst am Mittag,
damit ich nicht herumlaufen muss
bei den Herden deiner Gesellen.

1,8 *Weißt du es nicht, du Schönste unter den Frauen,*
so geh hinaus auf die Spuren der Schafe
und weide deine Zicklein bei den Zelten der Hirten.

Sie weiß so genau, wer der ist, »den meine Seele liebt« – doch weiß sie jetzt nicht, wer sie selbst ist und wo ihn zu finden. Eine gewisse Trennung ist eingetreten, zumindest räumlich. Und sie bittet ihn, der hier nicht König, sondern ein Hirte ist (oder als Hirte ihr »Herzens-König«?), ihr doch zu sagen, wo sie ihn wiederfinden könne: »Sage mir an, wo du weidest, wo du ruhst am Mittag« – damit sie nicht umherstreifen müsse, wie eine, die nicht weiß, zu wem sie gehört. Als Antwort wird ihr gesagt, ein wenig belustigt vielleicht, aber freundschaftlich – vom Freund oder dessen Gesellen? –, sie möge doch einfach den Fährten der Schafe folgen, und damit zugleich ihren inneren Instinkten, und ihre Zicklein dort weiden, wo die Hirten wohnen, wo sie doch ohnehin alle versammelt sind.

Im Bild des freien Hirtenlebens, wo die Hirten mittags die Herde zur Tränke führen und selbst im Schatten der Bäume ausruhen, wird die Bewegung des Einander-Suchens und -Wiederfindens geschildert, das zu jeder nicht domestizierten Liebe gehört. Eigentümlich ist die Übersetzung von Vers 1,8a in der ursprünglichen

Fassung Luthers von 1545: »Kennest du dich nicht?« Ist dies nur eine altertümliche Wendung für »Wenn du dich nicht auskennst?«, oder will sie auf eine tiefere seelische Ebene führen, mit der das zeitweilige Verlieren-Können des Partners zusammenhängen kann? Will diese Wendung sagen, dass nämlich Sulamith sich selbst noch nicht genügend kennt und deshalb auch der Partner nicht immer wissen kann, woran er mit ihr ist? Unter dieser Voraussetzung hat auch der antwortende Hinweis, sie möge doch einfach den Fährten der Schafe folgen, eine tiefere Symbolik: Dann weist er sie an, mit Intuition und Instinkt der Spur ihrer »inneren Schafe« zu folgen – nämlich sich von innen her führen zu lassen und zugleich äußerlich dorthin zu gehen, wo die Hirten sich eben zusammenfinden, bei ihren Zelten, und wo demnach auch ihr Freund am Mittag zu treffen sein wird. Sie will aber nicht herumlaufen müssen, als suche sie irgendeinen Mann, obgleich sie doch nur den einen sucht, der sie kennt und liebt.

Sie will sie selbst sein. Doch indem sie sich noch nicht kennt, muss sie ihn suchen als selbst noch nicht Erkannte: Sie sucht ihn wie sich selbst, um sich in ihm zu finden. Das Motiv der Suchwanderung weist vielleicht auf den Ishtar-Tammuz-Mythos zurück, der den Text beeinflusst haben mag.

DAS 4. LIED

1,9 Ich vergleiche dich, meine Freundin,
     einer Stute an den Wagen des Pharao.

1,10 Deine Wangen sind lieblich mit den Kettchen
     und dein Hals mit den Perlenschnüren.

1,11 Wir wollen dir goldene Kettchen machen
     mit kleinen silbernen Kugeln.

Dieses Lied, in dem der Liebende seine Freundin, Bewunderung ausdrückend, mit einer der schmuck aufgezäumten Stuten am königlichen Wagen Pharaos vergleicht, muss ursprünglich, schon wegen der Erwähnung des Pharao ein ägyptisches Liebesgedicht sein.

Es mutet uns fremdartig an, die Geliebte mit einer Stute verglichen zu sehen, auch wenn vielleicht so mancher Reitersmann seine geliebte Stute mit seiner Freundin vergleichen mag. Umgekehrt ist es ungewohnt. Gewiss ist eine Stute am Streitwagen des Pharao selbst ein königliches Tier, niemals als Arbeitstier verwendet, auch nicht als Reittier, sondern erlesen schön, kühn und stark, um den König selbst in seine lebenswichtigen Auseinandersetzungen zu führen (vgl. Hi, 19–25), ihn dabei zu tragen und seine Souveränität zu erweisen. Darüber hinaus ist das Pferd, die Stute, symbolisch eine Verkörperung von Vitalität, kann gleichsam die Körperseele eines Menschen darstellen.

Zugleich verrät diese Strophe eine starke Projektion der Dynamik, die einem Pferd innewohnt, auf die Frau.

Doch wird in diesem Lied wohlgemerkt weniger das Pferd als solches als vielmehr dessen Schönheit in seinem königlichen

Schmuck besungen und diese auf die Schönheit der geschmückten Geliebten bezogen, an deren Wangen die Kettchen baumeln und deren Hals von einer Perlenschnur umspielt wird.

Im letzten Satz fordert der Liebende dazu auf, einen Schmuck für die Geliebte zu fertigen, in dem das Gold, das mehr die männliche Energie symbolisiert, mit dem Silber der kleinen Kugeln, die das Weibliche meinen, vereinigt wird. Der energiegeladene Ausdruck »Wir wollen machen« erinnert zugleich an das Schöpfungswort Gottes zu Beginn der Bibel. Es geht hier also nicht um eine bloße Verzierung der Frau, sondern um einen Schöpfungsakt, in dem sie als schöne Frau ersteht.

DAS 5. LIED

1,12   Als der König sich herwandte,
       gab meine Narde ihren Duft.

1,13   Mein Freund ist mir ein Büschel Myrrhen,
       das zwischen meinen Brüsten hängt.

1,14   Mein Freund ist mir eine Traube von Zyperblumen
       in den Weingärten von En-Gedi.

Jetzt antwortet die Geliebte, vielmehr eröffnet sie ein neues Lied auf den Geliebten. Die Dialogform zwischen Mann und Frau, Frau und Mann, ist das Auffallendste in dieser locker zusammengefügten Sammlung von Liebesgedichten. Häufiger als der Mann führt die Frau den Dialog an. Solche Dialoge finden sich sonst nur in der vorderasiatischen Liebesdichtung jener Zeit, die noch vorpatriarchalische Elemente in sich trägt. Hier in Israel geht es um eine nachpatriarchale, eine zukunftsträchtige Liebesordnung, wenn solche Dialoge zwischen Mann und Frau in die normsetzende Bibel aufgenommen werden.

Auch hier haben wir wieder Bilder, die die Hingabe ihres Freundes, des »Herzenskönigs«, an sie beschreiben – von der liebenden Frau her als etwas bereits Erlebtes beschrieben! Die Zuwendung des Königs ist es, die den Duft des kostbaren Nardenöls, mit dem die Liebende sich eingeölt hat, freisetzt. Und nun zieht sie orientalische Geruchserfahrungen zum Vergleich heran und beschreibt die Nähe zwischen ihrem Freund und ihr mit den kühnen Worten: »Mein Freund ist mir ein

Büschel Myrrhen, das zwischen meinen Brüsten hängt«. Direkt betäubend ist der Duft der Myrrhe, die orientalische Frauen in Säckchen zwischen ihren Brüsten tragen – betäubend wie solche Myrrhe liegt der Geliebte an ihren Brüsten und verströmt sein ganzes Dasein und Nahsein, ebenso wie die Traube von Zyperblumen, die in En-Gedi, jener wunderbar fruchtbaren Oase oberhalb des Toten Meeres, wächst, ihren Duft verströmt. Beide Bilder, das der Myrrhe zwischen den Brüsten wie auch das der doldenartigen Traube von Zyperblumen, sind unübersehbare Anspielungen auf die sexuelle Annäherung des geliebten Mannes, die sie erlebt und weiter ersehnt, und sie bleiben doch in der Zartheit blühender und duftender Bilder. Die Erwähnung der Weinberge – wieder eine erotische Metapher, wie schon erwähnt –, aber gerade der Weinberge von En-Gedi, der Oase in der sonst lebensfeindlichen Landschaft des Toten Meeres, zeigt erneut das Wunder dieser Liebe, die immer wieder neu einer vielleicht lebensfeindlichen Umgebung oder auch Einstellung abgerungen wird.

Nach dem Gesang auf ihn, den die Liebende ihm beschreibend darbringt, spricht er sie im nächsten Lied direkt an, von ihrer Schönheit ergriffen.

DAS 6. LIED

1,15 *Siehe, meine Freundin, du bist schön;*
schön bist du, deine Augen sind wie Taubenaugen.

1,16 *Siehe, mein Freund, du bist schön und lieblich.*
Unser Lager ist grün.

1,17 *Die Balken unserer Häuser sind Zedern,*
unsere Täfelung Zypressen.

Es ist ein bewundernder Gesang, den er ihr zusingt, indem er ihre Augen – wohl wegen ihrer Lebhaftigkeit und auch Sanftheit – mit Taubenaugen vergleicht. Die Taube hat beides, Lebhaftigkeit bis zur gelegentlichen Streitbarkeit wie auch große Sanftheit und Stille und gilt wohl deshalb auch als der Vogel der Liebesgöttin Aphrodite. In der Bibel ist sie als Taube Noahs ein Vogel der Hoffnung auf neues Land nach der Sintflut – ein Symbol der Befreiung, der Befriedung.

Kaum ist der Mann mit seinem staunenden Vergleich zu Ende, fällt wieder die Stimme der Frau ein, indem sie den Freund nicht nur schön, sondern auch lieblich nennt, genauer übersetzt: »verlockend«, »attraktiv«, was hinüberführt zu dem gemeinsam, nun per »Wir« gesprochenen Lobpreis der Lagerstatt ihrer Liebe: »Unser Bette grünet« – so Luther in seiner ursprünglichen Übersetzung, die heute im revidierten Text schlicht modernisiert und damit viel weniger plastisch wiedergegeben wird mit: »Unser Lager ist grün.« Wie viel reicher sind doch die Assoziationen zu Luthers erster Formulierung – da ist das ganze aktive Grünen, die Hoffnung auf einen blühenden und fruchtbringenden Frühling genannt, der Körper und Seele gleichermaßen ergrünen lässt! Aufblühen lässt! In dieser Ausdrucksweise ist enthalten, dass die beiden Liebenden ihr Lager im Freien aufgeschlagen haben. In beiden Fällen werden für sie die Balken ihres »Hauses der Liebe« aus kostbarem Zedern- und Zypressenholz bestehen – vielleicht sind es auch schlicht diese Bäume des Vorderen Orients, die ihr Liebeslager in freier Natur umstehen und bewachen und die das, was hier geschieht, auch als wirklich geschehen bezeugen, wie es die Bäume in der altägyptischen Liebeslyrik, als Zeugen der Liebe verstanden, oftmals tun. Nach alter jüdischer Symbolik ist Grün auch die Farbe der Gegenwart, in der Vergangenheit und Zukunft zusammenfallen in ein grünendes Jetzt. Auch im hebräischen Namen des Salböls schwingt übrigens die Farbe Grün mit.

»Liebe sprengt die Grenzen, die uns Raum und Zeit setzen. Sie lässt durch alle Unvollkommenheit hindurchsehen auf das Vollkommene: Siehe da, du bist schön!«, so Brigitte Fuhrmann, die fortfährt: »Die Welt – seit der Vertreibung aus dem Paradies von unserer Erkenntnis in Gut und Böse geteilt – wird ihnen wieder ›unser Haus‹: Sie sehen das Frische, Grünende, Blühende, es wird ihnen ihr Bett. Zedern, Zypressen, vielleicht auch Wacholder, Pinien, Koniferen – die Bedeutung des Wortes ist nicht auf ein Gehölz festzulegen – werden ihnen zu Balken, Wänden, Dachsparren eines Hauses, in dem ihre Liebe sich vollendet. Zedern und Zypressen sind Bauhölzer für Salomos Tempel. Den Liebenden wird die Welt zum Tempel.«[27]

2

DAS 7. LIED

2,1 Ich bin eine Blume in Scharon und eine Lilie im Tal.

2,2 Wie eine Lilie unter den Dornen,
so ist meine Freundin unter den Mädchen.

2,3 Wie ein Apfelbaum unter den wilden Bäumen,
so ist mein Freund unter den Jünglingen.
Unter seinem Schatten zu sitzen begehre ich,
und seine Frucht ist meinem Gaumen süß.

Bildersprache des Eros ist es, der Zeit damals vertraut und doch wie frisch entdeckt in diesem Liebesdialog, in dem die Frau sich selbstbewusst eine »Blume in Scharon« nennt, eine »Lilie im Tal«, und der Freund das Bild aufgreift und sie zu seiner Einzigartigen unter den Mädchen erklärt. Sie wiederum greift seine Art des Vergleichens auf, so dass sie beide einander zu Einzigartigen werden, und vergleicht ihn mit dem Apfelbaum, dem einzig kultivierten unter all den wilden Bäumen des Waldes. Der Apfelbaum, der eine Fülle von Früchten trägt, die dem Menschen zur Erfrischung und Belebung dienen, gilt seit jeher als Sinnbild des verführerisch Köstlichen, der Zeugungskraft und Fruchtbarkeit. Seine Frucht ist zugleich die gefährlich-verlockende Frucht des Paradieses.

Wie alle Liebeslieder hebt auch dieses im Dialog gesungene Lied die Einzigartigkeit und Schönheit der geliebten Partnerin wie die des geliebten Partners hervor.

Scharon, worauf die Vergleiche sich beziehen, ist eine fruchtbare Ebene entlang der Küste Palästinas, zwischen Tel Aviv und Cäsarea gelegen, in der es besonders viele Blumen gibt. Die alte jüdische Überlieferung liest hier statt Lilie »Rose«.

Der Apfelbaum wiederum ist in Israel ein seltener und kostbarer Baum (in der Bibel wird er nur in Joël 1,12 erwähnt). In der Paradiesgeschichte ist es wohl eher ein Granatapfelbaum. Als Sinnbild vollen Vertrauens kennt die jüdische Tradition den einfachen Apfelbaum – und einem solchen Baum möchte die Liebende sich anvertrauen, so dass alle Scheu voreinander sich lösen kann: »Seine Frucht ist meinem Gaumen süß.« Die ganze Süßigkeit des Einander-Schmeckens wird hier erfahren und gerühmt.

Die Lilie hat eine reiche Symbolik der Reinheit an sich gezogen, während die Rose, die hier eigentlich gemeint ist, eine Symbolik des rückhaltlosen Sich-Erschließens enthält, bis hin zur mystischen Rose, die sich zum Transzendenten hin öffnet. Jüdische Mystiker erzählen von den dreizehn Blütenblättern der Rose, die, im Kreis angeordnet, immer abwechselnd als sechs rote und sechs weiße erscheinen, während die Farbe des dreizehnten Blattes unaussprechlich bleibt. Sich ständig wiederholend – ein Blatt weiß, ein Blatt rot – seien sie ein Bild für den Zyklus der Schöpfung, der sich wiederholt, im Gegenüber von Gegensätzen, von Unterscheidung, Wechsel und Wiederholung, wie hier in der Liebe.

In vorbehaltlosem Vertrauen, trotz der Dornen, die jede Rose, die jede Liebe enthält, bejahen einander die Liebenden: Ja, du bist eine Rose, so staunt der Mann; ja, du bist ein Apfelbaum, so findet und bestätigt die Frau. Im Wechselgesang umschlingen sich die Verse, wie die Liebenden in ihrer Umarmung es tun.

DAS 8. LIED

2,4   *Er führt mich in den Weinkeller,*
      und die Liebe ist sein Zeichen über mir.

2,5   *Er erquickt mich mit Traubenkuchen*
      und labt mich mit Äpfeln;
      denn ich bin krank vor Liebe.

2,6   *Seine Liebe liegt unter meinem Haupte,*
      und seine Rechte herzt mich.

2,7   *Ich beschwöre euch, ihr Töchter Jerusalems,*
      bei den Gazellen oder bei den Hinden auf dem Felde,
      dass ihr die Liebe nicht aufweckt und nicht stört,
      bis es ihr selbst gefällt.

Wieder stimmt die Frau das Lied an. Wie er sie zu Beginn in seine innersten Gemächer führte, so führt er sie jetzt in seinen inneren Weinkeller, vielmehr zum Weinausschank, damit sie mit ihm zusammen den Rausch der Liebe erfahre. Es ist ein Rausch im Zeichen der Liebe, ja, »unter der Fahne der Liebe«, so heißt es hier wörtlich.

Das hebräische Wort für Liebe »ahabah« umfasst alles, von freundlicher Zuwendung bis zu leidenschaftlichem Sich-Verzehren, von ehelicher Treue bis zu religiöser Hingabe. Das Hohelied kennt mit diesem Wort für Liebe keine Trennung zwischen Eros und Agape, zwischen platonischer und sinnlicher Liebe. Liebe führt über die übliche Gemütslage hinaus in gehobene und festliche Stimmung.

Die Liebende beschreibt, wie der geliebte Mann sie verwöhnt und verzaubert, mit Leckereien aus Trauben und Granatäpfeln, beides Früchte, die symbolisch mit Eros und Sexualität in Verbindung gebracht werden, so z.B. im Ishtar/Astarte-Kult, der noch in biblischer Zeit in Palästina zu Hause war (Jer 7,19). Sie bekennt, dass sie krank sei vor Liebe: Nun braucht sie ihn als Medizin, seine Liebe in Gestalt von Apfel- und Traubenkuchen, von Köstlichkeiten der Zuwendung, die heilen. Sie beschreibt, woran sie gesundet und mehr als gesundet. Wenn sie bei ihm ruhen kann, eng an ihn geschmiegt, wenn seine Hand sie hält, ihr Haupt trägt und umfängt, während die andere sie »herzt«. Dieser Ausdruck in der Übersetzung Luthers beschreibt schöner als alle neumodischen Übersetzungen die Zärtlichkeit, die von Herzen kommt, mit der er sie überschüttet. Wenn sie ganz und gar von seiner Linken und Rechten, von Kopf bis Fuß von seinen Händen umfangen ist, dann wird sie, die krank vor Liebe war, gesund.

Krank war sie, solange sie ihren Partner suchte, seiner nicht gewiss war. So kostbar und unantastbar ist nun ihrer beider Liebes-Innigkeit, dass die Liebende alle möglichen Zeugen, vielleicht auch Neider anruft – sie nennt die »Töchter Jerusalems« als die mehr angepassten Sittenwächterinnen, die immer wissen, was sich gehört –, und sie beschwört, nicht bei Gott, sondern bei den freien Tieren des Feldes diese Liebe nicht aufzustören, ehe es ihr selbst gefällt. Dass die Liebende alle Außenstehenden mit einer feierlichen Beschwörungsformel, wie sie sonst im Namen Jahwes gebraucht wird, bittet, die Liebe nicht aufzustören, gibt dieser Liebeserfahrung einen religiösen Klang und Wert – auch wenn sie keine andere Macht dafür in Anspruch nehmen kann als die der Natur selbst, verkörpert in den scheuen fluchtbereiten und zugleich so kraftvoll schnellen Tieren. Es sind Tiere, die zugleich der Liebesgöttin Ishtar bzw. Astarte heilig waren, und vielleicht handelt es sich bei dieser Beschwörung um einen alten Ritualspruch, der tatsächlich die Kräfte dieser Tiere zu Hilfe rief, wenn es darum ging, die Liebe zu bewahren.

DAS 9. LIED

2,8 Da ist die Stimme meines Freundes!
Siehe, er kommt und hüpft über die Berge
und springt über die Hügel.

2,9 Mein Freund gleicht einer Gazelle
oder einem jungen Hirsch.
Siehe, er steht hinter unsrer Wand
und sieht durchs Fenster
und blickt durchs Gitter.

2,10 Mein Freund antwortet und spricht zu mir:
Steh auf, meine Freundin, meine Schöne,
und komm her!

2,11 Denn siehe, der Winter ist vergangen,
der Regen ist vorbei und dahin.

2,12 Die Blumen sind aufgegangen im Lande,
der Lenz ist herbeigekommen,
und die Turteltaube lässt sich hören
in unserm Lande.

2,13 *Der Feigenbaum hat Knoten gewonnen,*
und die Reben duften mit ihren Blüten.
Steh auf, meine Freundin, und komm,
meine Schöne, komm her!

2,14 *Meine Taube in den Felsklüften,*
im Versteck der Felswand,
zeige mir deine Gestalt,
lass mich hören deine Stimme;
denn deine Stimme ist süß,
und deine Gestalt ist lieblich.

Wieder stimmt die Frau das Lied an, hört die Stimme ihres Freundes schon von ferne, während sie ihn über die Hügel herankommen sieht, ihr entgegen, hüpfend und springend, mit Freudensprüngen. Er kommt! Elastisch und schnell, elegant wie eine Gazelle, kraftvoll wie ein junger Hirsch jagt er ihr von den Bergen her entgegen, so erlebt sie ihn, während sie ihn im Hause gleichsam herzklopfend erwartet und ihn beschreibt, bis er da ist, ganz nah herangekommen »hinter unsrer Wand«. Damit ist wohl noch die Wand ihres Elternhauses gemeint, wo er voll Verlangen durchs Fenstergitter späht, atemlos vor Erwartung – und nun überlässt und übergibt sie ihm die Stimme, hört ihn antworten mit einem der schönsten dieser Liebeslieder, in dem sich die Regungen und Bewegungen der Liebenden im Aufbrechen der frühlingshaften Natur spiegeln. Der Geliebte bringt sogleich den

Frühling mit, er ist der Frühling selbst, und er ruft die junge Frau heraus aus dem Schutz des Elternhauses, hinaus ins Freie: Hier spricht er per »Du« – »Steh auf, für Dich!«, so wörtlich im Hebräischen –; er rühmt erneut ihre Schönheit und bittet sie inständig, mit ihm zu kommen. So bittet der Liebende die Geliebte auch in den altorientalischen »Tür-Klageliedern« vor der verschlossenen Tür ihres Elternhauses, ihn doch einzulassen. Doch hier in unserem Lied ist sein Werben unwiderstehlich, so unaufhaltsam wie der Frühling selbst, der mit all seinen Anzeichen unübersehbar hereinbricht.

Die Regenzeit, die in Israel den Winter ausmacht, ist vorbei – damit auch die Zeit des lange Aufeinander-Wartens in der Liebe. Überall brechen Blumen hervor, unüberhörbar sind die sehnsüchtigen Rufe der Turteltauben. Der Feigenbaum hat Knospen bekommen, der Weinstock »Knoten«, die an den frisch beschnittenen Ästen entstehen, wo die jungen Triebe hervorsprießen. Der Feigenbaum wie auch der Weinstock gehören bei den Griechen zu Dionysos, dem Gott der Trunkenheit und des Tanzes; auch in der Bibel erhöhen sie die Lebensfreude.

Die Turteltaube wiederum, nicht nur Begleittier der Aphrodite, sondern auch Symboltier der kanaanäischen Göttin Ishtar/Astarte, ist mit ihren durchdringenden Rufen zugleich Ausdruck des Verlangens. Zuletzt wird die Geliebte für den Liebenden hier selbst zur wilden Taube, die, nach aller erfahrenen Nähe doch immer wieder scheu, sich in ihr Nest, in die schroffen Felsen und Steinhöhlen zurückzieht – kaum zu erreichen, was die Sehnsucht des Werbenden nur noch steigert. Sie möge sich doch wieder zeigen, so fleht er, so beschwört er sie: in ihrer schönen Gestalt und mit ihrer süßen Stimme. Im heute gesprochenen Hebräisch bedeutet das Wort »Süße« zugleich den Namen des Vogels »Nachtigall«.

»Lass mich hören deine Stimme«, so bittet der Liebende und möchte aus ihrer Stimme zugleich ihr ureigenes Wesen heraushören, das sich aus Scheu vor Nähe noch immer und noch immer einmal wieder vor ihm versteckt.

DAS 10. LIED

2,15　　Fangt uns die Füchse,
　　　　die kleinen Füchse,
　　　　die die Weinberge verderben;
　　　　denn unsere Weinberge haben Blüten bekommen.

2,16　　Mein Freund ist mein,
　　　　und ich bin sein,
　　　　der unter den Lilien weidet.

2,17　　Bis der Tag kühl wird
　　　　und die Schatten schwinden,
　　　　wende dich her gleich einer Gazelle, mein Freund,
　　　　oder gleich einem jungen Hirsch auf den Balsambergen.

Vielleicht ist die anfängliche Aufforderung, die Füchse zu fangen, ein Stück aus einem alten Weinberglied, das ursprünglich eigenständig tradiert wurde. Doch hier ist es hineingetragen in ein Lied, das wieder von der Frau angestimmt wird, der Frau, die dazu auffordert, das, was den Weinberg ihrer Liebe stören und dort etwas verderben könnte, einzufangen, sie davor zu schützen. Hier sind es Füchse, von denen der Winzer weiß, dass sie den Weinbergen schaden, den Boden aufwühlen und sich die reifen Trauben einverleiben. Im übertragenen Sinne könnten es auch begierige Wesen, Menschen oder Kräfte sein, die der Liebe zu schaden vermögen. So deutet doch Sulamith im ersten Lied an, dass sie ihren Weinberg nicht habe hüten können. Andere, eifersüchtige Bewerber um ihre Liebe könnten solche »Füchse« sein oder auch argwöhnische Menschen, die den Liebenden ihren eigenen Weg nicht gönnen. Sogar bestimmte selbstsüchtige Regungen in den Liebenden selbst, etwa ein unbezogenes Begehren, könnten die Liebe noch einmal stören.

Da die Weinberge »Knoten« gewonnen haben, da sie beschnitten sind und nun in Blüte stehen, sind sie unbedingt schützenswert, jetzt nämlich steht die Beziehung zu ihrem Geliebten, die beide ausgestaltet haben, in voller Blüte, sie ist herangereift zu einer verantwortlichen Liebesbeziehung. Und was es im Sinne der Liebe heißt, dass die Weinberge blühen, wird in dem erotischen Bild beschrieben, das elementarer nicht sein kann: »Mein Freund ist mein, und ich bin sein, der unter den Lilien weidet.« Wörtlich übersetzt heißt es: »Mein Geliebter, für mich – und ich für ihn.« Jeder von beiden will das, was er oder sie für sich selbst ist, für den anderen einbringen, ja, dem anderen darbringen. Und was meint das bildhafte Wort, dass der Geliebte unter den Lilien oder Rosen »weidet«? Weidet er dort, wo die Blumen der Liebe aufgeblüht sind? Weidet er in Ruhe und Lust, so wie eben ein junger Hirsch, ein Rehbock weiden würde? Spricht die Frau in diesem Lied seine Tiernatur an, wenn sie vom »Weiden« spricht, dann, wenn er die beseelte Körperlandschaft der Geliebten berührt und davon kostet? Er weidet, indem er den geliebten Leib streichelt und küsst und ihn sich einverleibt in vollen Zügen. Er tut es hier offenbar in tiefer Übereinstimmung mit seiner Gefährtin, ist mit ihr zusammen, bis der Tag kühler wird und die Schatten länger werden, bis sie zurückkehren müssen. Oder geschieht es, wie andere Übersetzer meinen, in der Nacht, bis die Schatten weichen und der kühle Morgenwind weht?

Zuletzt spricht sie ihm das Verwandlungswort zu: Werde du wie ein Rehbock, wie eine Gazelle oder ein junger Hirsch auf den Balsambergen! Die Balsamberge sind, wörtlich übersetzt, »Berge des Einschnitts«, sind geteilte Berge, womit die Brüste der Frau gemeint sein könnten. Es könnte zugleich eine bestimmte Landschaft in Israel sein, die ihrer Gestalt nach diesen Namen trägt, symbolisch meint es aber gewiss die duftende Körperlandschaft der Geliebten, auf der er sich nach ihrer Einladung bewegen möge, ungestüm und geschmeidig zugleich, wie es Gazelle und Hirsch in den Bergen tun.

3

DAS 11. LIED

3,1 Des Nachts auf meinem Lager suchte ich,
den meine Seele liebt.
Ich suchte;
aber ich fand ihn nicht.

3,2 Ich will aufstehen und in der Stadt umhergehen
auf den Gassen und Straßen
und suchen, den meine Seele liebt.
Ich suchte; aber ich fand ihn nicht.

3,3 Es fanden mich die Wächter, die in der Stadt umhergehen:
»Habt ihr nicht gesehen, den meine Seele liebt?«

3,4 Als ich ein wenig an ihnen vorüber war,
da fand ich, den meine Seele liebt.
Ich hielt ihn und ließ ihn nicht los,
bis ich ihn brachte in meiner Mutter Haus,
in die Kammer derer, die mich geboren hat.

3,5 Ich beschwöre euch,
ihr Töchter Jerusalems,
bei den Gazellen oder bei den Hinden auf dem Felde,
dass ihr die Liebe nicht aufweckt und nicht stört,
bis es ihr selbst gefällt.

Wieder ein Lied, das die Frau anstimmt, dieses Mal bei Nacht, in ihrem Haus, in ihrem Bett, wo er ihr fehlt. Sie ist schlaflos. Er ist für sie nun der geworden, »den meine Seele liebt« – er hat sie ganz ergriffen, mit Leib und Seele. Viermal hören wir diese feierlich-schöne Nennung des Geliebten, hier sucht, hier findet sie ihn, immer, immer wieder. Gewiss ging gemeinsames Nächtigen voraus, sonst würde er ihr nicht so sehr fehlen. Doch sie ist bis in ihr Innerstes berührt, und deshalb kann sie ihn nicht mehr lassen. Offensichtlich ist dennoch eine Störung, eine Unterbrechung innerhalb ihrer beider Beziehung eingetreten – eine Trennung innerhalb der doch bestehenden Gemeinsamkeit. Warum würde sie ihn sonst so sehr vermissen? Wer von uns hätte das nicht schon erlebt, innerhalb unserer wichtigsten Beziehung – und damit auch den argen Schmerz, den das bedeutet?!

Es hält sie nicht schlaflos im Bett, zu stark, zu brennend ist ihre Sehnsucht. Sie muss hinaus, ihn suchen in der nächtlichen Stadt, so unüblich und fast unschicklich das für eine Frau im damaligen Israel auch ist!

Geht es hier um erzählte Realität oder um einen Traum, so fragen sich manche Kommentatoren an dieser Stelle. Doch Traum und Realität fallen in der Liebe und im Liebeslied zusammen, ist es doch hier ein Lied der Sehnsucht und der Imagination zugleich.

So will es denn ihr Schicksal, dass sie ihn nicht findet, wohl aber, dass sie von den Wächtern, wohl auch Sittenwächtern, aufgegriffen wird – eine Erfahrung, die äußerst peinlich und schmerzhaft für sie ist. Dennoch lässt sich die aufgestörte Frau nicht davon abhalten, sogar diese unsensiblen Wächter zu fragen: »Habt ihr nicht gesehen, den meine Seele liebt?« Liebt sie ihn doch mit ihrer ganzen Seele, sie ist keine Dirne, die sich nachts herumtriebe. Ob die Wächter ihr glauben, ob sie selbst – in ihrer inneren moralischen Instanz, dem »Über-Ich« – ganz davon überzeugt ist, dass man so hinter dem Geliebten »herlaufen« darf (wie sie es dann selbstentwertend nennen würde)? Doch wie auch immer: Es gibt darauf nur die Antwort, die Erich Fried in einem seiner schönsten und nie konventionellen Liebesgedichte findet: »Es ist, was es ist, sagt die Liebe.« Kurz nach diesem Zwischenfall findet sie ihn auch wirklich wieder, den einen, den ihre Seele liebt. Sie hält ihn fest, will ihn nicht mehr loslassen, bis sie ihn dorthin gebracht hat, wo sie selbst zu Hause ist, in das Haus ihrer Mutter. Dort wohnt sie offenbar noch, als die unverheiratete junge Frau, die sie offensichtlich ist.

Die Ausdrücke »meiner Mutter Haus«, »die Kammer derer, die mich geboren hat«, bedeuten hier, wie in der hebräischen und in der ägyptischen Poesie überhaupt, nicht nur das konkrete Elternhaus oder die Geburtskammer, sondern es meint den

Schoß der Frau, des Weiblichen überhaupt. Wenn die Sängerin des Hohenliedes hier davon spricht, dass sie den Geliebten in Haus und Kammer der Mutter bringen wolle, dann spricht sie damit ihre Bereitschaft zur vollen Liebesvereinigung mit diesem Manne aus – die für sie gleichsam im »Reich der Mütter« (Goethe) stattfindet.

Der Dichter / die Dichterin dieses Liedes, wer immer sie seien, tut Stimmiges, diese Strophe einer Frau in den Mund zu legen: Sie singt hier nicht, was ein Mann ihr vorsingen könnte, sondern singt ihr eigenes weibliches Lied. Sie führt ihn hier in ihre »dunklen Innenräume«, so wie er sie anfangs in die seinen brachte (so im 1. Lied, 1,4).

Kann und darf er ihr aber dorthin folgen? Ist die »Kammer derer, die mich geboren hat«, von der sie spricht, für einen Mann zugänglich und überhaupt erlaubt? Es wird seine Sache sein, ob er dabei im Mütterlichen gefangen bleibt oder ob er als Erfahrener und Gewandelter seinen Weg als Mann findet, der um das Geheimnis des Weiblichen in Liebe weiß.

Angesichts solcher schicksalhafter Liebe beschwört nun er die Töchter Jerusalems, die Liebe auf keinen Fall aufzuwecken, zu stören, bis es für sie selbst an der Zeit ist.

DAS 12. LIED

3,6 *Was steigt da herauf aus der Wüste*
wie ein gerader Rauch,
wie ein Duft von Myrrhe, Weihrauch
und allerlei Gewürz des Krämers?

3,7 *Siehe, es ist die Sänfte Salomos;*
sechzig Starke um sie her
von den Starken in Israel.

3,8 *Alle halten sie Schwerter*
und sind geübt im Kampf;
ein jeder hat sein Schwert an der Hüfte
gegen die Schrecken der Nacht.

Von der Wüste ist hier die Rede und von den »Schrecken der Nacht« – von Gefahren für die Liebe, gewiss, auch wenn von der Liebe auf den ersten Blick hier gar nicht die Rede ist. Vielleicht aber steckt die Frage nach der Liebe in der Frage, die im Anfang des Liedes gestellt wird: Wer kommt da herauf aus der Wüste, von Düften umgeben wie von Rauchsäulen? Manche Ausleger beziehen dieses Bild auf die Braut selbst, was sprachlich ja möglich ist.

Wenn es sich aber vielmehr um etwas Bestimmtes, einen Gegenstand, etwa um Salomos Sänfte handelt, dann kann es bei dem Zug durch die Wüste nur um ein Brautgeleit für Salomos Braut gehen, die in der Sänfte herangetragen wird, und in der Tat wird das Bild von den Exegeten meist als eines für den Hochzeitszug von Salomo und Sulamith verstanden, die zu König Salomo nach Jerusalem geleitet wird. Wieder sind in diesem Lied Rückverbindungen nach Ägypten spürbar, wird Sulamith hier doch als eine Tochter des Pharao vorgestellt.

Dass sie hier von Ägypten kommt, würde auch erklären, dass die Fahrt durch die Wüste führte. Bewaffnete ziehen mit, eine Leibgarde gleichsam, die diese Pharaonentochter vor den Gefahren des weiten und schwierigen Weges schützen, Gefahren seitens der Wegelagerer, aber auch seitens einer rauen Natur.

Am auffälligsten ist, dass die Bewaffneten die Sänfte der Braut auch gegen die »Schrecken der Nacht« beschützen sollen. Neben realen Gefahren durch Raubüberfälle sind dies die Gefahren, die einer Liebenden vielleicht von innen her, vielleicht durch die bloße Vorstellung drohen, wieder verlassen werden zu können – und sei es auch nur durch ein Verlassenheitsgefühl.

Es können hier auch die Schrecken gemeint sein, wie sie die Alpträume der Nacht mit sich bringen, die oft Ängste und Zweifel an der Zuverlässigkeit einer Liebe enthalten. Solche »Dämonen« sind es, die – wie man im Alten Orient glaubte – vor einer bevorstehenden Hochzeit und von einer zur Ehe entschlossenen Frau direkt noch einmal angezogen und herbeigelockt werden. Vor ihnen soll eine Braut in den Nächten vor ihrer Hochzeit, während sie wie »aus der Wüste heraufsteigt«, auch innerlich beschützt werden – vielmehr: Sie muss sich selber schützen! (Gen 32,25; Tob 6,14) Träume und Nachtgesichte gehören zu dem, was die Liebe verstören kann, zumal man den damit verbundenen Ängsten in der Nacht sehr ausgeliefert ist. In diesem Lied wappnen sich die Liebenden dagegen, bieten eine ganze Leibwache und Leibgarde dagegen auf.

DAS 13. LIED

3,9 *Der König Salomo ließ sich eine Sänfte machen
aus Holz vom Libanon.*

3,10 a *Ihre Säulen machte er aus Silber,
ihre Lehnen aus Gold,
ihren Sitz mit Purpur bezogen,
ihr Inneres mit Ebenholz eingelegt.*

Aus den Schrecken der Nacht werden wir im neuen Lied an einen Ort versetzt, wo solche Schrecken aufgefangen sind: in die Sänfte Salomos, in ein sanft getragenes, mobiles Haus für die Liebenden also, auch während sie unterwegs sind.

In Luthers Übersetzung bleibt der Anschluss an das vorige Lied durch erneute Erwähnung der Sänfte gewahrt. Genauer übersetzt handelt es sich aber zugleich um eine Thronhalle. Die Sänfte wäre dann gleichsam als eine bewegliche Thronhalle, als ein »Thronsessel zum Mitnehmen«, gedacht. Wie in der ägyptischen Liebeslyrik jener Zeit, wird hier die hohe Sphäre, in der die Liebe spielt, durch symbolische Erhöhung ins königlich-souveräne Milieu unterstrichen, so wie Liebende einander auch heute noch erhöhen und sich beispielsweise als »mein Schatz« bezeichnen.

Auch der erotisch-sexuelle Raum, in dem die Liebe regiert, wird in der altägyptischen Lyrik mit einer »Thronhalle« verglichen, die gar nicht kostbar genug ausgestaltet sein kann, so wie z.B. die Thronhalle Salomos im Buch der Könige (1 Kön 7), die aus dem Zedernholz des Libanon erbaut und von silbernen Säulen getragen wird. Der Thron wiederum ist mit Gold überzogen (1 Kön 10,18). In der Symbolik wird Gold mit dem Licht der Sonne als dem Männlichen in Verbindung gebracht, Silber mit dem Mond und dem Weiblichen. Aus beidem zusammen ist hier die Sänfte als beweglicher Thronsessel gestaltet, beides ist in diesem Thron vereint. Der Sitz selbst wiederum wird mit Purpur, der »Königin unter den Farben«, wie Goethe sie nennt, ausgekleidet. Der Purpur des hochzeitlichen Thronstuhls steht dem Grün des Lagers im Freien gegenüber, das den Anfang der Liebe kennzeichnete. In Goethes Farbenkreis steht Grün (als Mischung aus den reinen Farben Blau und Gelb) dem Purpur gegenüber, über das er schreibt: »Die Wirkung dieser Farbe ist so einzig wie ihre Natur. Sie gibt einen Eindruck sowohl von Ernst und Würde als von Huld und Anmut.«[28] Die Innenwände der Hochzeitshalle sind ganz und gar mit kostbarem dunklen Ebenholz ausgelegt. Es geht hier um den »dunklen Innenraum der Liebe« (Brigitte Fuhrmann), wohl auch des weiblichen Körpers, in dem die Liebe regiert, für die allein dieser Thronsessel aus Gold, Silber und Purpur aufgestellt ist. Dieser Thronsessel, ja der ganze Saal, kostbar geschmückt, wird in Lied 13 zum Ort der Hochzeit. Dessen Inneres ist aber »mit Liebe ausgelegt«, wie es eine genauere Übersetzung ausschmückt.

DAS 14. LIED

3,10 b *Ihr Töchter Jerusalems,*

3,11 *kommt heraus und seht,*
ihr Töchter Zions,
den König Salomo mit der Krone,
mit der ihn seine Mutter gekrönt hat
am Tage seiner Hochzeit,
um Tage der Freude seines Herzens.

Die »Töchter Jerusalems«, die Töchter von Zion (eines Stadtteils von Jerusalem), also die ganze weibliche Umgebung des Paares, die es schon oft beäugt und begutachtet haben mag, bekommen hier zu sehen, was für ein königliches Paar dies wahrhaftig ist! Was für ein stimmiges, bewunderns- und vielleicht auch beneidenswertes Paar!

Wie zum Erweis der Richtigkeit und der Rechtmäßigkeit der Verbindung wird die »Krönung« dieses Herzens-Königs durch seine Mutter hervorgehoben. Schimmern hinter dieser Vorstellung, der König würde durch seine Mutter gekrönt, nicht wieder uralte matriarchale Gebräuche aus der vorderasiatischen Umwelt Israels hindurch – auch wenn diese heute nicht mehr bekannt sind?

Wahrscheinlich ist diese Handlung, wie so vieles im Hohenlied, vor allem symbolisch zu verstehen: Die Königinmutter gibt ihren Segen, verbindet den Sohn, den sie aufgezogen hat, samt der Krone, die sie vielleicht selbst eine Zeit lang getragen hat, mit dessen Braut, der künftigen Königin im Lande der Liebe. Es geht hier um den krönenden Segen der Mutter, der ersten Frau im Leben des Sohnes, die ihn, den Erwachsenen, den ihr Entwachsenen, loslässt und in Liebe derjenigen überlässt und anvertraut, die ihm am Tag seiner Hochzeit zur »Freude seines Herzens« wird.

Mit der Erwähnung der Hochzeit hier sind wir auf einem ersten Höhepunkt des Hohenliedes angelangt, auch wenn die Lieder wie gesagt aus verschiedenen Quellen stammen und deshalb ihre heutige Anordnung und Reihenfolge einer späteren Redaktion in Israel verdanken. Hier setzt die spätere Redaktion jedenfalls einen Höhepunkt.

Es scheint ihr hier um die Darstellung der Entwicklung eines Paares zu gehen, von dessen freier Liebesbegegnung an bis zur Verbindlichkeit einer Eheschließung.

Die freigewählte Liebesbeziehung mündet in einen Bund unter dem Segen der Mutter. Hier ist die Mutter des Mannes genannt, während in einem früheren Lied die Mutter der Frau vorkommt, die da ebenso, um nichts weniger wichtig, dem Paar mit großem Wohlwollen gegenübertritt. Frühe mutterrechtliche Züge prägen anscheinend das Hohelied mit.

Hier geht es offensichtlich nicht um einen entmündigten »Sohn-Geliebten«, der noch gefangen im Herrschaftsbereich der Großen Mutter wäre; es geht aber auch nicht mehr um einen »Sohn-Mann«, der die Frau besinnungslos vergöttert, ohne sie wirklich zu kennen. So geht es natürlich auch nicht um den Patriarchen, der meint, die Frau beschützen zu müssen, und sie unbewusst unterdrückt. In dieser Krönung nimmt die Mutter vielmehr Abschied vom Sohn, der stark genug geworden ist, sich und seiner Geliebten den Thronsessel, die »Sänfte«, das mobile Haus der Liebe, zu erbauen.

4

DAS 15. LIED

4,1 Siehe, meine Freundin, du bist schön!
Siehe, schön bist du!
Deine Augen sind wie Taubenaugen
hinter deinem Schleier.
Dein Haar ist wie eine Herde Ziegen,
die herabsteigen vom Gebirge Gilead.

4,2 Deine Zähne sind wie eine Herde geschorener Schafe,
die aus der Schwemme kommen;
alle haben sie Zwillinge,
und keines unter ihnen ist unfruchtbar.

4,3 Deine Lippen sind wie eine scharlachfarbene Schnur,
und dein Mund ist lieblich.
Deine Schläfen sind hinter deinem Schleier
wie eine Scheibe vom Granatapfel.

4,4 Dein Hals ist wie der Turm Davids,
mit Brustwehr gebaut,
an der tausend Schilde hangen,
lauter Schilde der Starken.

4,5 Deine beiden Brüste sind wie junge Zwillinge von Gazellen,
die unter den Lilien weiden.

4,6 Bis der Tag kühl wird
und die Schatten schwinden,
will ich zum Myrrhenberge gehen
und zum Weihrauchhügel.

4,7 Du bist wunderbar schön, meine Freundin,
und kein Makel ist an dir.

Die Sprache der Liebe ist eine Sprache, die Wohlgefallen ausdrückt, darüber hinaus Bewunderung, und dies der Geliebten mitteilt, zuspricht. Das ganze Lied für die Geliebte ist ein sich ihr Zu-Singen, nicht ein bloßes »Beschreibungslied«, wie wir es auch aus der ägyptischen Lyrik kennen. Der Liebende nimmt die Gestalt, das So-Gestaltetsein des geliebten Menschen als Schönheit wahr und drückt sie aus, indem er die Schönheit der Geliebten mit all dem vergleicht, was ihm sonst noch auf der Welt als Schönheit erscheint, vor allem in der lebendigen Natur. Es ist dabei nicht so, dass die lebendige Natur nur zum Vergleich herangezogen würde: Es scheint vielmehr so, als ob hier alles in der Natur die Schönheit des geliebten Menschen widerspiegelte. Der Körper des geliebten Menschen wird mit einer blühenden Landschaft gleichgesetzt und mit allem, was darin lebt und liebt, er ist ein Gleichnis der ganzen Schöpfung – und damit, im Sinne der Bibel, ein Ebenbild Gottes.

Das Lied, das der Mann anstimmt, der Liebende auf seine Geliebte, ist ein einziges Preislied auf ihre Schönheit: »Siehe, meine Freundin, du bist schön! Siehe, schön bist du! Deine Augen sind wie Taubenaugen …« Die Taube gilt, wie schon gesagt, wegen ihres Turtelns und ihrer sehnsüchtigen Rufe als ein Vogel der Sehnsucht und der Liebe, der den Liebesgöttinnen Ishtar/Astarte, Aphrodite und Venus heilig war. Auch in diesem Lied finden sich Anklänge an die ägyptische Bildsymbolik der Taube, die auch in der ägyptischen Malerei und Plastik häufig vorkommt.

Von den Augen der Geliebten wandert der staunende Blick des Mannes, seine liebkosende, streichelnde Hand bis hinunter zum »Myrrhenberge, der hier ohne Zweifel der duftende Venushügel ihrer Körperlandschaft ist, dem sein Begehren gilt. Die Vergleiche, die nun folgen, sind ganz ungewohnt in unserer europäischen Liebessprache und auch in unserer Lyrik, deshalb sind sie auch nicht abgegriffen und machen neugierig.

Die Haare der Geliebten gleichen einer lebendig wuselnden Ziegenherde, die vom Berg herabstürmt – ist es das krause Haar einer Nubierin, das hier gemeint ist, oder eher die schwarz herabfallenden Locken einer Israelin? Fremd, aber anschaulich ist auch der Vergleich der Zähne mit einer Herde geschorener Schafe – strahlend weiß sind sie und feucht, so wie sie eben aus der Schwemme kommen. Warum sie alle Zwillinge sein sollen, leuchtet nicht sogleich ein, doch passen gesunde Zähne ja alle genau aufeinander, haben gleichsam alle ihre Partner bzw. Schwestern in der oberen und der unteren wie auch in der rechten und der linken Hälfte des Kiefers. Die scharlachfarbene Schnur des Mundes ist uns als Bild vertrauter. Dass der liebende Mann andererseits die Schläfen wie eine Granatapfelscheibe hinter dem

Schleier hervorleuchten sieht, ist wohl eine Frage der Perspektive. Nur, dass der Granatapfel ein Liebessymbol ist, für etwas, das köstlich zu genießen ist, leuchtet unmittelbar ein. Und eben dieses, das zu Genießende, kommt hier hinter dem Schleier hervor.

Nun wird, wieder mit fremdartigen Vergleichen, der Hals der Geliebten besungen; ein sehr aufrechter, stolz aufgerichteter Hals muss das sein, wenn er mit dem »Turm Davids« in Jerusalem verglichen wird. Auch wehrhaft ist er und gut geschützt vor Zugriff und Angriff: Tausend Schilde sind ihm vorgehängt, lauter Schilde von Starken. Dient diese Brustwehr auch zur Abwehr jedes Zu-Nahe-Kommens? Ist die so Besungene eine Frau, die nicht so leicht zu erobern ist und die sich vor Übergriffen wehrhaft zu schützen weiß?

Nach der »Brustwehr« des Halses, mit dem sie durch Wegdrehen und Abwenden alle Zudringlichkeiten verhindern könnte, wenn sie es wollte, werden ihre Brüste zärtlich besungen, als »junge Zwillinge von Gazellen, die unter den Lilien weiden«. Auch hier fühlt sich der Liebende wieder wie auf einer duftenden Weide. Den ganzen Tag über, bis es kühl wird – oder meint er wieder, die ganze Nacht hindurch, bis die Schatten am Morgen weichen? –, will er zu diesem Myrrhenberge gehen, zum Weihrauchhügel, so spricht er sich der Geliebten zu. Er will sich mit ihr vereinigen, am Myrrhenberge und Weihrauchhügel, an diesen, wie wir schon sahen, symbolischen Orten sexueller Begegnung.

Zugleich sind Myrrhe und Weihrauch die Ingredienzien für den Weihrauch im Tempel Jahwes, des Gottes Israels, und stehen in Zusammenhang mit den dort dargebrachten Dankopfern. Es ist also ein heiliger Duft, der von der Hingabe der Liebenden aufsteigt, wie ein Dankopfer an Gott. Und so beschließt der Liebende sein hohes Loblied an die Geliebte mit Worten, die dessen begeisterten Beginn wiederholen, und so schließt sich der Kreis: »Du bist wunderbar schön, meine Freundin, und kein Makel ist an dir.«

DAS 16. LIED

4,8 *Komm mit mir, meine Braut, vom Libanon,*
komm mit mir vom Libanon,
steig herab von der Höhe des Amana,
von der Höhe des Senir und Hermon,
von den Wohnungen der Löwen,
von den Bergen der Leoparden!

Hier ist es wieder der liebende Mann, der mit dem Lied anhebt, mit dem Lied an die Braut. Dieses Wort, das den Willen zur festen, zur unverbrüchlichen Verbundenheit ausdrückt, fällt hier zum ersten Mal. Wir sind hier in der Mitte, auf der Höhe des Hohenliedes, wie schon gesagt. Und hier fordert er die Braut auf, die wilden Orte der Gefahr, die Wohnungen des Löwen und des Leoparden, bei denen sie sich offenbar – real oder symbolisch – aufhielt, zu meiden. Vielleicht ist dies auch als ein Rückblick auf die Zeit ihrer noch ungesicherten, ungeschützten Liebe zu verstehen, die in gewissem Sinne lebensgefährlich war. Nun wollen sie miteinander herabsteigen in die wohnlicheren Gegenden, in lieblicheres Gelände. Der Libanon, die Höhe des Amana, des Senir und des Hermon sind rau, aber sie waren rückblickend auch die Gegenden, in denen sie königlich wilden Tieren – und den entsprechenden inneren Kräften – begegneten und diese Herausforderungen bestanden.

DAS 17. LIED

4,9 Du hast mir das Herz genommen, meine Schwester, liebe Braut,
du hast mir das Herz genommen mit einem einzigen Blick deiner Augen,
mit einer einzigen Kette an deinem Hals.

4,10 Wie schön ist deine Liebe, meine Schwester, liebe Braut!
Deine Liebe ist lieblicher als Wein,
und der Geruch deiner Salben übertrifft alle Gewürze.

4,11 Von deinen Lippen, meine Braut, träufelt Honigseim.
Honig und Milch sind unter deiner Zunge,
und der Duft deiner Kleider ist wie der Duft des Libanon.

Die Liebenden brauchen sich nicht in den Libanon zu versteigen, um dessen würzige Waldluft zu verspüren: Er haftet an ihren Kleidern und durchdringt sie mit dem Duft der Höhe und der Reinheit. Der Mann setzt zu einem neuen Hymnus auf die Geliebte an, antwortet damit gleichsam auf das Lied zuvor. (So jedenfalls wurden die Lieder von der letzten Redaktion der Bibel angeordnet.)

Mit einem einzigen Blick ihrer Augen hat sie ihm »das Herz genommen«. Sein Herz gehört seitdem nicht mehr ihm selbst, sondern ihr. Vielleicht haben auch wir sie einmal erlebt, diese abgrundtief offenen Blicke, in denen wir als Liebende uns ineinander verlieren. »Herz« bedeutet in der Bibel nicht nur das Zentrum des Gefühls, sondern auch das des Verstandes, der Einsicht und des Willens. Wenn die Geliebte ihm das »nimmt«, dann bedeutet es, dass sie ihn in bestimmten Momenten wie um den Verstand bringt, ihn auf jeden Fall von aller klugen Berechnung befreit. Vor allem aber bedeutet es, dass er mit all seinem Gefühl, mit Willen und Verstand nun zu ihr gehört. Die Anrede fällt auf: »meine Schwester, liebe Braut«. So nennt er sie hier zum ersten Mal. Mit »Braut« bezeichnet er sie als seine feste, auserwählte Gefährtin, seine Liebeswahl.

Die Verbindung »meine Schwester, liebe Braut« kennen wir auch aus der ägyptischen Liebeslyrik. Sie ist hier natürlich nicht in wörtlichem Sinn gemeint (es sei denn, sie bezieht sich auf das geschwisterliche ägyptische Königspaar), sondern im symbolischen, bleibt damit aber erst recht bemerkenswert: Wenn ein Mann seine Braut zugleich auch »Schwester« nennt, so knüpft er an die geschwisterliche Erfahrung von Zusammengehörigkeit an, an menschliches Miteinander auf Augenhöhe. Ein Sexobjekt würde er nicht »Schwester« nennen. Auch wenn er sich in patriarchaler Weise als Herr seiner Frau fühlte, würde die Anrede »Schwester« nicht passen. Denn in dieser Anrede schwingt emotionale Vertrautheit mit, die Schwester und Bruder in der Kindheit miteinander haben konnten. Es ist die grundsätzliche Gleichberechtigung auf der Ebene der Geschwisterlichkeit. Hier verbindet das Menschliche noch mehr als die erotische Schwingung, die natürlich immer auch zwischen Bruder und Schwester spürbar sein kann.

Doch wenn hier auf der erotisch-sexuellen Hochebene (im Gegensatz zum Niveau eines »Gassenhauers«) von »Schwester Braut« gesprochen wird, dann ist natürlich die geschlechtliche Anziehung in ihrer Spannung gewürdigt. Selbstverständlich geht es nicht um eine Bruder-Schwester-Beziehung, in der die Erotik noch kindlich oder domestiziert bliebe, sondern die Geschwisterlichkeit wird betont, um der Sexualität noch ein weiteres menschliches Schwingungsfeld anzuschließen: das von Vertrautheit, Zärtlichkeit und einer selbstverständlichen lebenslangen Verantwortung füreinander. Mann und Frau sind von nun an in einem tiefen neuen Sinn miteinander verwandt, sind keine Fremden mehr. Auf der Basis einer vorpatriarchalischen Hochachtung der Frau, wie sie in Ägypten herrschte, wird im Hohenlied eine nachpatriarchalische, eine künftige, zukunftsfähige Beziehungsform zwischen Mann und Frau angesprochen und vermittelt, die von Gleichwertigkeit und gegenseitiger Wertschätzung getragen ist, im körperlichen wie im seelischen Bereich. Zusammen mit seinem erwachten Herzen sind all seine Sinne erwacht für ihre Ausstrahlung, ihre Schönheit – dafür, wie gut sie ihm tut.

Dass Liebe Lust ist und zugleich mehr als Lust, wird im Hohenlied immer wieder mit den Worten betont, Liebe sei mehr als Wein. Ein langer, leidenschaftlich-inniger Kuss beschließt das Lied, ausgedrückt in den Bildern, dass Honigseim von ihren Lippen träufle und unter ihrer Zunge Milch und Honig flössen. Der Honig, der in der Bibel der Inbegriff des Süßen ist (z.B. Ri 14,18 oder Ps 19,11), wird hier auch noch durch »Milch« ergänzt, wird dadurch zum sprichwörtlichen Zusammenhang von »Milch und Honig«, einem Ausdruck, der übrigens das »verheißene Land« für das wandernde Volk bezeichnet (Ez 3,8), dem solche Fülle und Fruchtbarkeit zugeschrieben wird. Milch und Honig gehören auch zu den Lebenssubstanzen des Muttertums, sind Attribute weiblicher Göttinnen (Bachofen). In einem Kuss, in dem »Milch und Honig« unter der Zunge fließen, sind die beiden Liebenden sogleich symbolisch im »verheißenen Land«, in der Erfüllung und am Ziel ihres Lebens. Hier strömt nun der Duft des Libanon aus ihren Kleidern, wie die Waldluft und Höhenluft auf den »Bergen des Herzens« (Rilke).

DAS 18. LIED

4,12 Meine Schwester, liebe Braut,
du bist ein verschlossener Garten,
eine verschlossene Quelle,
ein versiegelter Born.

4,13 Du bist gewachsen wie ein Lustgarten von Granatäpfeln
mit edlen Früchten, Zyperblumen mit Narden,

4,14 Narde und Safran, Kalmus und Zimt,
mit allerlei Weihrauchsträuchern, Myrrhe und Aloe,
mit allen feinen Gewürzen.

4,15 Ein Gartenbrunnen bist du,
ein Born lebendigen Wassers,
das vom Libanon fließt.

4,16 Steh auf, Nordwind, und komm, Südwind,
und wehe durch meinen Garten,
dass der Duft seiner Gewürze ströme!
Mein Freund komme in seinen Garten
und esse von seinen edlen Früchten.

5

5,1 Ich bin gekommen, meine Schwester, liebe Braut, in meinen Garten.
Ich habe meine Myrrhe samt meinen Gewürzen gepflückt;
ich habe meine Wabe samt meinem Honig gegessen;
ich habe meinen Wein samt meiner Milch getrunken.
Esst, meine Freunde, und trinkt und werdet trunken von Liebe!

Wieder stimmt der Mann das Lied der Sehnsucht an: Noch immer oder immer wieder gleicht seine Braut einem »versiegelten Born«, einer gehüteten Quelle, die erschlossen werden will. Das gelingt nur dem, der über das Siegel der Liebe verfügt: ihm. Oder haben wir hier ein ganz neues, eigenständiges Lied vor uns, das von einem ersten Mal spricht?

Indem ihm die Entschlüsselung mit dem Schlüssel der Liebe gelingt, erschließt sich ihm der Schoß der Frau wie ein Garten: »Dein Schoß ist ein Garten, ein Park«, so lässt sich Vers 12 auch übersetzen. Als Lustgarten ist dieser paradiesische Garten ein Symbol für die Wonnen der Liebe im Garten ihres Körpers, mit ihrer Fülle an Früchten, wie den dunklen Granatäpfeln, aus denen sich eine Fülle von blutroten Kernen ergießt. Er duftet von Myrrhe, Safran, Kalmus und anderen Gewürzen. Es sind Gewürze und kostbare Zutaten zu den Speisen aus aller Welt, aus Indien, Arabien, aus China. Was sonst in aller Welt an Köstlichkeiten verstreut ist, hier ist es in diesem einen Garten vereint. Vom Nardenöl bis zur hautverfeinernden Aloe ist alles im Überfluss vorhanden und betört die Sinne des Liebenden. Nun ist der Quell, der Brunnen entsiegelt, der den Garten bewässert. Es ist lebendiges Wasser, das aus dem Bergland des Libanon, von dem im Lied zuvor die Rede war, herabströmt. Die körperliche Begegnung wird in dynamische Bilder gefasst, in ein Fließen und Strömen. Myrrhe, Zimt und Kalmus sind (nach Ex 39,23–25) zudem die Zutaten zu dem heiligen Öl, mit dem in Israel der Altar und die heiligen Geräte gesalbt werden – wird Liebe hier also zu heiligem Öl für den Leib?

Und nun greift die Frau das strömende Wasserbild auf und ruft die Winde, wie eine Schamanin es tun kann, die mit den Naturkräften vertraut ist, ruft mit dem kräftigen, kühlen Nordwind auch den wärmenden Südwind herbei, so dass der Duft der Gartengewürze sich in ihnen verströme. Vielleicht ist mit dem Wind auch der stürmische Liebhaber gemeint, der ihren Duft zum Strömen bringt. Nun ruft sie den Freund in den Garten und lädt ihn selber ein, all die köstlichen Früchte der Liebe zu kosten, die hier für ihn bereit sind. Im Verlangen beider vollzieht sich hier lebendigste Liebesbegegnung.

Im 36. Psalm sagt der Beter von Gott: »Wie köstlich ist deine Güte, Gott, dass Menschenkinder unter dem Schatten deiner Flügel Zuflucht haben! Sie werden satt von den reichen Gütern deines Hauses, und du tränkst sie mit Wonne wie mit einem Strom. Denn bei dir ist die Quelle des Lebens, und in deinem Lichte sehen wir das Licht.« (Ps 36,8–10) Zwischen den Zeilen hat dieses biblische Liebeslied immer einen transzendenten Bezug, ist es ein Psalm der Liebe.

Nun nimmt der Mann die Erlaubnis der Frau – nein, ihre Einladung, Aufforderung –

in Freude, ja Begeisterung auf und versichert ihr, in ihren Garten zu kommen, die Gewürzkräuter zu pflücken, die Honigwabe auszulecken, nicht nur die nährende Milch aus der Quelle des Weiblichen trinken zu wollen, sondern auch den ekstatisch berauschenden Wein. Die hebräische Verbform bezeichnet die Gegenwart: »Ich komme in meinen Garten, / ich sammle meine Myrrhe, / ich esse meine Wabe, / ich trinke meinen Wein.« Alles, was er bei ihr findet, ist hier zugleich das Seine: Nicht im Sinn des Besitzens, sondern des ihm Gemäßen, des ihm Vertrauten, das »Schwester-Braut« mit ihm teilt.

Das Lied endet nach dem Zwiegesang zwischen dem Liebenden und der Geliebten mit einem Aufruf beider an alle Freunde, die der Liebenden und der Liebe, doch mitzutrinken vom beseligenden Trank der Liebe, bis zur Trunkenheit. Diese Liebenden bleiben nicht in ihrer Zweisamkeit gefangen, was für manche eine Versuchung wäre, sondern sie rufen alle ihnen Nahestehenden auf, sich solchem Erleben, solchem Fest ebenfalls zu öffnen!

DAS 19. LIED

5,2 Ich schlief, aber mein Herz war wach.
Da ist die Stimme meines Freundes, der anklopft:
»Tu mir auf, liebe Freundin, meine Schwester, meine Taube, meine Reine!
Denn mein Haupt ist voll Tau und meine Locken voll Nachttropfen.«

5,3 »Ich habe mein Kleid ausgezogen, wie soll ich es wieder anziehen?
Ich habe meine Füße gewaschen, wie soll ich sie wieder schmutzig
machen?«

5,4 Mein Freund steckte seine Hand durchs Riegelloch,
und mein Innerstes wallte ihm entgegen.

5,5 Da stand ich auf, dass ich meinem Freunde auftäte;
meine Hände troffen von Myrrhe
und meine Finger von fließender Myrrhe am Griff des Riegels.

5,6 Aber als ich meinem Freund aufgetan hatte,
war er weg und fortgegangen.
Meine Seele war außer sich, dass er sich abgewandt hatte.
Ich suchte ihn, aber ich fand ihn nicht;
ich rief, aber er antwortete mir nicht.

5,7 Es fanden mich die Wächter, die in der Stadt umhergehen;
die schlugen mich wund.
Die Wächter auf der Mauer nahmen mir meinen Überwurf.

5,8 Ich beschwöre euch, ihr Töchter Jerusalems,
findet ihr meinen Freund, so sagt ihm,
dass ich vor Liebe krank bin.

Wieder stimmt die Frau ihr schmerzliches Sehnsuchtslied an, das sie schon früher sang, in dem sie das Einander-Suchen, Einander-Verlieren und Einander-Wiederfinden, das jeder leidenschaftlichen Beziehung eigen ist – und nicht nur ein einziges Mal! – als eine dramatische, an Ambivalenzen und Widersprüchen reiche Geschichte erzählt. Dass sie es jetzt noch einmal sagen muss, nach aller vorausgegangenen Erfüllung, macht ihren Schmerz abgründig – und doch ist diese Erfahrung realistisch und wohl in jeder tiefgehenden Beziehung nicht unbekannt.

Oder sollen wir uns hier wieder nüchtern daran erinnern, dass das Lied wohl selbstständig umlief und erst von der biblischen Redaktion hier eingefügt wurde? Dann hätte diese biblische Redaktion jedenfalls einen Sinn für Dramatik!

Berührend schon die Schilderung ihrer Verfassung am Anfang: »Ich schlief, aber mein Herz war wach.« – Ob es sich um ein Träumen handelt, einen Traum vom Kommen und Weggehen des Freundes? Oder ob ihr bewusst wird, dass ihr Herz, ihre Liebe, wach ist, bereit auch, während sie schläft?

Jedenfalls fühlt sie ihren Freund ganz nahe, nass von nächtlichen Tautropfen, und hört ihn bitten, hört Liebesworte, die sie um Einlass beschwören. Das Lied gleicht auch den »Türgesprächen«, die wir aus der ägyptischen Lyrik kennen, wo ein sehnsuchtsvoll auf Einlass drängender Mann auf eine spröde Geliebte trifft, die ihn abweist und erst neu erobert sein will. Spröde, ja scheinbar abweisend – oder ist es nur eine verspielte Neckerei aus versteckter Liebe? – begegnet auch hier die junge Frau seinem Begehren nach Einlass, habe sie sich doch schon ausgezogen, habe sie sich doch schon die Füße gewaschen, es sei eine Zumutung, noch einmal aufzustehen. So spielt sie die Unnahbare, obgleich sie ihn doch schon kennt und sie sich doch schon so nahe waren, wie wir später in dem Lied bestätigt bekommen. Als der Freund von außen schon den Riegel berührt, spürt sie, wie ihr Gefühl sie überströmt, wie ihr Innerstes ihm entgegenwallt – wie ihre Abwehr nur gespielt war, um ihn noch mehr anzureizen. Schon steht sie auf, und ihre Hände, die sie mit verführerischem Myrrheöl eingerieben hat, duften ihm entgegen, so dass der ganze Türriegel von dem Myrrhenöl getränkt wird und schließlich davon trieft. Doch kaum ist die Tür geöffnet, da ist der Freund schon verschwunden. Ist es auch bei ihm eine Neckerei oder doch verletzter Stolz? War auch in ihm der Gedanke allzu mächtig, die Geliebte müsse jederzeit für ihn zur Verfügung stehen? Das Hohelied ist hier sehr lebensecht. So verfehlen und verlieren wir als Liebende in bestimmten Situationen einander, obwohl wir doch zugleich und wirklich einander entgegenwallen.

»Meine Seele war außer sich, dass er sich abgewandt hatte«, so sagt sie offen. Ihre

Seele, ihr Innerstes, ist da nicht mehr bei sich, als sie ihn plötzlich nicht mehr findet, so sehr war sie schon mit ihm verwachsen, dass sie ihre Seele zu verlieren droht, wenn er sich abwendet. Auf ihr Suchen, auf ihr Rufen antwortet er nicht mehr.

Kopflos, erregt, orientierungslos durchstreift sie die Stadt nach ihm wie schon einmal, in einem früheren Lied, in einem vielleicht noch früheren Stadium ihrer Beziehung. Damals brach sie auf, ihn zu suchen. Jetzt war er ihr ganz nah, nur noch durch die Tür getrennt – doch aus einem spielerischen Trotz heraus, einer neckischen Herausforderung vielleicht, hat sie ihn nicht eingelassen. Jetzt hat er sich abgewandt. Sie findet ihn nicht, bei all ihrem Suchen durch die Stadt, wird jedoch auch hier stattdessen von den Wächtern der Stadt aufgegriffen, die sie nun wirklich mit Argwohn behandeln, wie eine Streunerin, eine Stadtstreicherin, vielleicht sogar wie eine Hure. Sie wird geschlagen und ihres Überwurfs, ihres Manteltuchs beraubt. Vielleicht ist damit auch ihre Kopfbedeckung, ihr Kopftuch gemeint, das sie, wäre sie eine Hure, gar nicht hätte tragen dürfen.

Ist in irgendeinem Sinne – auch in ihr selbst? – das Gewissen, die Moral verletzt worden, als sie so fassungslos und hemmungslos durch die Stadt streifte? Wieder wendet sie sich hier in einem beschwörenden Refrain an die »Töchter Jerusalems«, die ihr in dem ähnlichen, früheren Lied beistehen sollten, ihre Liebe zu schützen, sie nicht aufstören sollten. Nun aber, ihre schwesterlich-weibliche Solidarität anrufend, fleht sie sie an, ihr dabei zu helfen, ihren Freund wiederzufinden – ja, ihm zu sagen, dass sie vor Liebe krank sei.

Wenn der Flirt des Anfangs in die Leidenschaft der verbindlichen Liebe eingemündet ist, dann kann ein neckisches Spiel der Herausforderung plötzlich tiefer gehen als gemeint und für die Beziehung riskant werden. Bis hin zum Krankwerden vor Liebe fordert die Beziehung, in die wir uns eingelassen haben, ihren Tribut.

Aber auch äußere Widerstände, und sei es aus Neid – durch die Tugend-Wächter und auch durch »die Töchter Jerusalems« –, wachsen überall da, wo Sexualität offen und lustvoll gelebt wird.

DAS 20. LIED

5,9 Was hat dein Freund vor andern Freunden voraus,
o du Schönste unter den Frauen?
Was hat dein Freund vor andern Freunden voraus,
dass du uns so beschwörst?

5,10 Mein Freund ist weiß und rot,
auserkoren unter vielen Tausenden.

5,11 Sein Haupt ist das feinste Gold.
Seine Locken sind kraus,
schwarz wie ein Rabe.

5,12 Seine Augen sind wie Tauben an den Wasserbächen,
sie baden in Milch und sitzen an reichen Wassern.

5,13 Seine Wangen sind wie Balsambeete,
in denen Gewürzkräuter wachsen.
Seine Lippen sind wie Lilien,
die von fließender Myrrhe triefen.

5,14 Seine Finger sind wie goldene Stäbe,
voller Türkise.
Sein Leib ist wie reines Elfenbein,
mit Saphiren geschmückt.

5,15 Seine Beine sind wie Marmorsäulen,
gegründet auf goldenen Füßen.
Seine Gestalt ist wie der Libanon,
auserwählt wie Zedern.

5,16 Sein Mund ist süß, und alles an ihm ist lieblich.
So ist mein Freund; ja, mein Freund ist so,
ihr Töchter Jerusalems!

Das 20. Lied, ein begeistertes »Beschreibungslied«, ist wieder eine Antwort der liebenden Frau auf die herausfordernde Frage der »Töchter Jerusalems«, was denn Besonderes an ihrem Freund sei, weshalb sie ihn vor allen anderen erwählt habe. Es ist die Phantasie der Liebe, die aus dem geliebten Mann den schönsten der Männer macht. Es ist das innere Bild des geliebten Mannes, das die Frau in ihrer Seele trägt, ihr Seelenbild (ihr »Animus«).

Kaum je in der Dichtung ist die Schönheit des Mannes so überschwänglich und so originell zugleich aus der Sicht einer Frau beschrieben worden wie hier. Es ist bei Licht besehen viel mehr als eine »Beschreibung«, sondern eine »Zuschreibung«, eine Huldigung an ihren Geliebten. Sie singt es letztlich nicht den »Töchtern Jerusalems«, sondern ihm selbst, dass er so und nicht anders wunderbar sei für sie.

»Mein Freund ist rot« übersetzen heute die meisten, unter Aussparung des »weiß«, aufgrund der ältesten Quellen, und ordnen dem Geliebten damit die Farbe der höchsten blutvollen Vitalität und Lebensfrische zu. Es ist auch die Farbe einer gesunden Aggression, eines »Draufgängers«; es ist die Farbe der Wärme, ja der Hitze, der Leidenschaft. Im Alten Orient ist es die Farbe des Mannes. Auch in der ägyptischen Wandmalerei erscheint der Mann immer in Rot. Die Frau dagegen in Weiß. Greift Luther nun die überlieferte Textversion (eine unter anderen) auf, die »weiß und rot« gemeinsam nennt, so will er vielleicht damit andeuten, dass der geliebte Mann in seiner betonten Männlichkeit auch weibliche Anteile hat, Seelenqualitäten, Zartheit des Gefühls zum Beispiel, Fürsorglichkeit. Zudem kann die weiße Taube, der Liebesvogel der Astarte, auch ein Symbol der männlichen Erregung sein.

Nun aber beschreibt das Lied der Frau vor allem seine körperliche Gestalt, vom Kopf bis zu den Füßen. Wenn sein Haupt das »feinste Gold« ist, so wird damit natürlich nicht ein goldener Schmuck bezeichnet, sondern im symbolischen Sinne die höchste Kostbarkeit, die dieses Haupt für sie hat. Zu seinem Haupt gehört ja auch seine Fähigkeit, sie anzublicken, sie in Gedanken zu tragen, sie anzusprechen, sie mit seinem Geist zu umkreisen. Was symbolisch in Gold beschrieben wird, ist für die, die ihn so beschreibt, »Goldes wert«. Sein Haupt aber ist zugleich schön, mit seinen rabenschwarzen Locken, die auch dem Ideal der Männerschönheit in Israel entspricht. Ob sie dadurch vielleicht auch an den Vogel der Weisheit erinnert wird, als der ein Rabe ja auch gilt?

Seine Augen sind lebhaft, wie die Tauben es sind, wenn sie sich an den Wasserbecken tummeln, sie können aber auch sehr sanft sein, wie man der Wendung »sie baden in Milch« entnehmen kann. Sie können feucht werden, da sie Tränen der Berührung, der Freude und des Schmerzes kennen. Seine Wangen wiederum sind wohl ein wenig stachelig, aber duftend, als würden hier Würzkräuter wachsen, vielleicht nimmt auch er, wie die Männer des Orients, ein duftendes Öl als Balsam, wenn er sich rasiert. Seine Lippen blühen und öffnen sich wie Lilien, sein Mund fühlt sich für sie an wie gebadet und duftend in Myrrhenöl. Seine Finger, die sie liebkosen und streicheln, sind ihr so kostbar geworden wie goldene Stäbe, geschmückt mit Türkisen. Sein ganzer Leib ist hell und leuchtend, fein gestaltet wie aus seltenem Elfenbein, und überall an ihm blitzt etwas auf, Saphiren gleich, womit sie ausdrückt, dass ihr jede seiner Körperstellen kostbar ist wie ein Edelstein. Seine Beine mit den Schenkeln, die sie tragen und umschließen können, sind köstlich und stark zugleich wie Marmorsäulen, die sich auf goldene – wieder sehr kostbare – Füße gründen. So drückt sie aus, dass er mit seinen Füßen fest auf der Erde steht.

Und nun sieht sie noch einmal seine ganze Gestalt vor Augen: Wie eine Skulptur Michelangelos mutet er an – nur, dass er blutvoll und durchaus lebendig ist! Groß gewachsen und aufgerichtet wie der Gipfel des Libanon ist seine Gestalt, zugleich von edelster, ausgewählter Art, wie es die Zedern unter den Bäumen sind. Sein Mund, sein Gaumen schmeckt ihr »süß«, und alles an ihm ist »lieblich«, der Liebe wert. Mit Stolz und Freude beschreibt sie den »Töchtern Jerusalems«, wie es hier heißt, den Mann, den sie liebt, als ihr Inbild eines Mannes.

Es ist meines Erachtens überhaupt eines der schönsten Liebeslieder auf die äußere und innere Schönheit eines geliebten Mannes, das uns – als hätte es eine Frau erdacht – überliefert ist. Wie ein Echo auf dieses Lied tönt in unserer Zeit eine Zeile aus dem Gedicht einer Frau, Ingeborg Bachmann, das sie über den geliebten Mann schreibt: »Deine Knochen sind wie helle Flöten, die auch den Tod besiegen werden.«[29]

6

DAS 21. LIED

6,1 »Wo ist denn dein Freund hingegangen,
o du Schönste unter den Frauen?
Wo hat sich dein Freund hingewandt?
So wollen wir ihn mit dir suchen.«

6,2 Mein Freund ist hinabgegangen in seinen Garten,
zu den Balsambeeten,
dass er weide in den Gärten und Lilien pflücke.

6,3 Mein Freund ist mein und ich bin sein,
der unter den Lilien weidet.

Das neue Lied nimmt die Thematik der beiden letzten wieder auf, die Suche nach dem Freund und die eindringliche Bitte an die »Töchter Jerusalems«, ihr bei der Suche zu helfen. Wir dürfen annehmen, dass die Redaktion bei der Zusammenstellung der Lieder diesen »roten Faden« eingeflochten und so die beiden letzten Kapitel in einer Handlungs- und Suchbewegung zusammengebunden hat. Die »Töchter Jerusalems«, die sie bisher immer beschwören musste, ihre Liebe nicht zu behindern, sind nun, und sei es kopfschüttelnd über so viel Liebesverzweiflung, doch bereit, ihr bei der Suche zu helfen.

Der Freund kann nirgendwo anders als im Garten zu finden sein, so fällt es ihr auf einmal ein, so weiß sie es auf einmal wieder. Und sie spricht es aus. Wir wissen inzwischen, dass der Garten in der orientalischen Lyrik das Symbol für den »Garten der Liebe« geworden ist, für den Garten, in den sich der Körper der geliebten Frau unter der Zärtlichkeit des

Mannes verwandelt, mit all seinen wunderschönen Plätzen, seinen Früchten, seinen verführerischen Kräuter- und Blumendüften.

Schon der reale Garten ist für den Orientalen eine Quelle der Freude, wird er doch vielfach einer herben Landschaft oder gar der Wüste abgerungen. Mit Hecken abgeschirmt, mit einem Brunnen oder gar mit lebendig fließendem Wasser verbunden, ist er wie eine Oase in diesen heißen Ländern: Blumen und Früchte gedeihen überreich in ihm, und aufs Liebevollste pflegt und hegt, begießt und genießt man dieses kleine Paradies. So eignet sich das Bild des Gartens besonders gut als Gleichnis einer Liebe, für die man alles tut und an der man sich erfreut wie an nichts anderem. Die spanische Mystikerin Teresa von Avila beschreibt im Bild des Gartens und seiner treuen Bewässerung sogar die Liebesbeziehung zwischen dem Menschen und Gott.

Der Freund ist in unserem Lied, wie die Sprecherin weiß, in den Garten »hinabgegangen«, hat sich also auf eine tiefere Ebene der Beziehung begeben, so dass er weidend in dem Garten – wie ein junges Tier oder auch als Hüter seiner inneren Tiere – zugleich dessen Lilien pflücke. Die Lilie eignet sich als Symbol für den Blütenkelch im Schoß der Frau, den der Geliebte berührt, den er gleichsam pflückt und in den er eingeht. In diesem Bild drückt sich das innigste Zusammenfinden zwischen Frau und Mann aus: »Mein Freund ist mein und ich bin sein«, was hier gewiss kein einander Besitzen in gegenseitiger Abhängigkeit meint – er weidet ja in den Lilien –, sondern ein Einander-Besuchen und -Finden in der Geborgenheit des gemeinsamen Gartens. Übrigens klingt auch hier die ursprüngliche Luther-Übersetzung viel farbiger als die des revidierten Textes, nämlich so:

Mein Freund ist hinabgegangen
in seinen Garten zu dem Nutzgärtlein,
dass er sich weide an dem Garten
und Rosen breche.
Mein Freund ist mein und ich bin sein,
der unter den Rosen sich weidet!

Um ein »Sich-Weiden« an diesem Garten geht es also, ein Ausdruck, den wir auch heute noch kennen, wenn wir etwas intensiv und lange genießen.

DAS 22. LIED

6,4   Du bist schön, meine Freundin, wie Tirza,
       lieblich wie Jerusalem, gewaltig wie ein Heer.

6,5   Wende deine Augen von mir;
       denn sie verwirren mich.
       Deine Haare sind wie eine Herde Ziegen,
       die herabsteigen vom Gebirge Gilead.

6,6   Deine Zähne sind wie eine Herde Schafe,
       die aus der Schwemme kommen;
       alle haben sie Zwillinge,
       und keines unter ihnen ist unfruchtbar.

6,7   Deine Schläfen sind hinter deinem Schleier
       wie eine Scheibe vom Granatapfel.

Das 22. Lied, vom Mann angestimmt, spricht von einer richtigen Verwirrung durch die Liebe, durch die Zaubermacht der Geliebten: Er bittet sie, die Blicke, die ihn aus der Fassung bringen, zurückzuhalten. In der frühen Luther-Übersetzung heißt es: »Wende deine Augen von mir, denn sie machen mich brünstig.« Er weiß sich demnach nicht mehr zu helfen vor einem inneren Entbrennen!

Schön ist sie für ihn wie die alte Königsstadt Tirza, ja, wie die Gottesstadt Jerusalem selbst, doch auch schrecklich gewaltig ist sie für ihn, wie ein Heer, eine gewaltige Herausforderung. Herbert Haag übersetzt hier »Trugbilder«, auch deshalb, weil er deren Auftauchen in der Phantasie des Mannes wohl für ein Trugbild hält: »Wer ist sie ... verwirrend wie Trugbilder?«[30] Doch hört sich dann dieser Vergleich viel harmloser an, als er vielleicht gemeint ist. Wie um sich zu fassen unter ihren Blicken, sich zu wappnen vor ihren Blicken, wiederholt der Mann die schon ausgesprochene Beschreibung ihrer Schönheit – oder es ist so, dass ein Redaktor dieses »Beschreibungslied« hier erneut einfügt, wohl um die Verwirrung des Mannes verständlicher zu machen.

Auch Vers 6 klingt in der ursprünglichen Luther-Übersetzung viel plastischer:

Deine Wangen sind wie ein Ritz
am Granatapfel
zwischen deinen Zöpfen.

– so frisch drängen sich in Luthers Phantasie die apfelroten Backen unter den Haaren hervor!

DAS 23. LIED

6,8 *Sechzig Königinnen sind es*
und achtzig Nebenfrauen
und Jungfrauen ohne Zahl.

6,9 *Aber eine ist meine Taube, meine Reine;*
die Einzige ist sie für ihre Mutter,
das Liebste für die, die sie geboren hat.
Als die Töchter sie sahen,
priesen sie sie glücklich;
die Königinnen und Nebenfrauen rühmten sie.

Ein königlicher Harem steht im Hintergrund dieses Liedes. Doch beeindruckt dieser Harem – und sei er auch eine Phantasie! – den Liebenden, der dieses Lied anstimmt, nicht im Geringsten. Seine Taube ist die eine, die einzige für ihn; sie ist eine Reine, eine Lautere und Echte, was sie für ihn so besonders macht, und sie ist so geliebt von ihm, wie nur eine einzige Tochter von ihrer Mutter es sein kann. Auch die kritischen »Töchter Jerusalems« und selbst die Nebenfrauen müssen die Geliebte des Hohenliedes deshalb glücklich schätzen und sie rühmen. Dieses Lied war ursprünglich sicher ein eigenes und ein wenig spöttisches Lied über den sagenhaften Harem des historischen Königs Salomo, dem Sulamith gewiss nicht angehörte! Es wirkt hier wie ein Einschub, um die Einzigartigkeit noch einmal zu unterstreichen, die die Geliebte des Hohenliedes für den Liebenden hat.

DAS 24. LIED

6,10 *Wer ist sie,*
die hervorbricht wie die Morgenröte,
schön wie der Mond,
klar wie die Sonne,
gewaltig wie ein Heer?

Mit Gestirnen, mit der Morgenröte, mit kosmischen Phänomenen also, wird die Geliebte hier verglichen, mit Naturerscheinungen von großer Macht, und damit ist sie für den Liebenden gewaltig herausfordernd wie ein anrückendes Heer.

Auch in ägyptischen Liebesliedern, in orientalischen Märchen, aber auch in nordischen Mythen bis hin zum Nibelungenlied kennt man diese Vergleiche der Geliebten mit Sonne und Mond – wobei deren geheimnisvoll-magische Anziehungskraft mit dem Mond und mit der Sonne, mit deren Licht, Wärme und Klarheit verglichen wird.

Hier empfindet der Liebende die gewaltige Macht, welche die Geliebte durch seine Leidenschaft über ihn gewonnen hat, sie ist es, die hervorbricht wie der Vorbote einer kos- mischen Macht, einer Macht der Verwandlung auch, der Morgenröte.

Schön ist seine Geliebte wie der Mond, mit dessen mildem Silberlicht im heißen Orient oft auch die ersehnte Kühle und der Schatten nahen, hochwillkommen nach der Hitze der Sonne am Tage. Schön ist sie wie die geheimnisvolle, hintergründige, als weibliche Urmacht empfundene Ausstrahlung des Mondes. Wer ist sie, die über ihn hereinbricht zugleich mit der klaren Strahlkraft der Sonne, ja, manchmal wie ein heranstürmendes Heer? Es ist seine Geliebte selbst, die in diesem Moment »verwirrend wie ein Trugbild«[31] ist, d.h. sie zieht in diesem Moment gewaltige Projektionen auf sich, als sei sie eine kosmische Macht. Mit der naturhaft magischen Anziehungskraft der Gestirne, symbolisch männlicher und weiblicher zugleich, fasziniert sie diesen Mann, bis er sagen muss: »Ich kannte mich selbst nicht mehr«[32], so die Übersetzung der letzten Zeile des 25. Liedes von Herbert Haag.

DAS 25. LIED

6,11 *Ich bin hinabgegangen in den Nussgarten,*
zu schauen die Knospen im Tal,
zu schauen, ob der Weinstock sprosst,
ob die Granatbäume blühen.

6,12 *Ohne dass ich's merkte,*
trieb mich mein Verlangen
zu der Tochter eines Fürsten.

Ein Lied des Mannes ist dies, der erneut in den Liebesgarten hinabsteigt, den wir schon kennen, der jetzt aber vielleicht auf eine noch tiefere Ebene gelangt – geht es doch diesmal nicht nur um die Blumen, sondern um den Fruchtgarten, in dem Nüsse, Granatäpfel und Wein reifen. Die Beziehung zwischen den beiden ist inzwischen ausgebaut, ist kultiviert und wartet auf eine neue Fruchtbarkeit. Es ist die frühlingshafte Neugier und Ungeduld, die den Mann nachschauen lässt, ob der Nussbaum und der Weinstock schon Sprossen angesetzt haben, ob der Apfelbaum vielleicht sogar schon blüht. In diesen Bildern spricht sich das Verlangen aus, dass Früchte der Liebe sichtbar werden mögen – hier wohl noch nicht als Sehnsucht nach einem Kind gemeint, sondern im Sinne einer Verwandlung und Reifung, wie sie alle tiefe Liebe bewirken kann. Von großem Verlangen spricht der Liebende in der letzten Zeile, so dass er sich fast nicht mehr kannte – was ihn zur »Tochter eines Fürsten« trieb, einer sehr edlen Frau also (zu der er sie in seiner Liebe erhöht und »adelt«), »ohne dass ich's merkte«.

Erschrickt hier der Liebende womöglich sogar vor seiner eigenen Kühnheit, die ihn der Geliebten sehr nahe kommen ließ, vielleicht eher, als die Zeit dafür reif war?

In der letzten Zeile dieses Liedes ist der hebräische Text übrigens unklar, vielleicht verdorben, so dass die Übersetzer hier etwas im Dunkeln tappen.

7

DAS 26. LIED

7,1 Wende dich hin, wende dich her, o Sulamith!
Wende dich hin, wende dich her, dass wir dich schauen!
Was seht ihr an Sulamith beim Reigen im Lager?

7,2 Wie schön ist dein Gang in den Schuhen, du Fürstentochter!
Die Rundung deiner Hüfte ist wie ein Halsgeschmeide,
das des Meisters Hand gemacht hat.

7,3 Dein Schoß ist wie ein runder Becher,
dem nimmer Getränk mangelt.
Dein Leib ist wie ein Weizenhaufen,
umsteckt mit Lilien.

7,4 Deine beiden Brüste sind wie junge Zwillinge von Gazellen.

7,5 Dein Hals ist wie ein Turm von Elfenbein.
Deine Augen sind wie die Teiche von Heschbon am Tor Bat-Rabbim.
Deine Nase wie der Turm auf dem Libanon,
der nach Damaskus sieht.

7,6 Dein Haupt auf dir ist wie der Karmel.
Das Haar auf deinem Haupt ist wie Purpur;
ein König liegt in deinen Locken gefangen.

Indem die Frau der Aufforderung einer Gruppe folgt, die ihr im Tanze zuruft, sie möge sich hin und her wenden, tritt sie voll in Erscheinung und kann von allen Seiten betrachtet und bewundert werden. (Manche Ausleger vermuten hier das Bild eines Hochzeitstanzes.) Die Beschreibung selbst steht wohl nur dem Geliebten zu, der sie vom Kopf bis zu den Füßen kennt und liebt.

Ihr Gang in den »leichten Sandalen«, wie der Ausdruck für »Schuhe« hier im Hebräischen heißt, ist schön und stolz. Verführerisch kommt sie daher, diese »Fürstentochter«, wie sie wieder genannt wird, um sie in den Adel der Liebe zu erheben. Die Rundung ihrer Hüfte lässt an ein Schmuckstück aus Meisterhand denken. Das Runde, das auch im nächsten Vergleich wiederholt wird, ihr Schoß, bezeichnet symbolisch das Weibliche überhaupt, mit seinen oft runden Körperformen, mit seiner Wesensart, die auf das Runde, Ganze ausgerichtet ist, mehr als bei manchem Mann.

Urbild des Weiblichen ist das Gefäß. Und zu dem »runden Becher« gehört ein Getränk, das Getränk, das hier nie zur Neige geht. Auch das Bild vom Weizenhaufen – ein Erntebild – kann man sich rund vorstellen. Er ist von Lilien umgeben, wie zu einem Erntefest geschmückt. Der Vergleich der Brüste mit Gazellenzwillingen ist uns schon vertraut, auch der Vergleich des Halses mit einem Turm. So ungewohnt uns dieses Bild erscheinen will, Marc Chagall gelingt es in einem seiner Bilder zum Hohenlied, diesem Vergleich des Halses mit einem Turm überzeugende Gestalt zu geben.

Die Augen wiederum werden hier mit zwei Teichen verglichen, die nur der Eingeweihte kennt: Sie sind von besonderer Farbe und wohl von geheimnisvoller Tiefe. Diese genannten Teiche sind geografisch unbekannt, wie auch die Augen Sulamiths nur der kennt, der so tief hineingeblickt hat, wie nur der Geliebte dies kann und darf. Die Nase scheint charakteristisch zu sein und sowohl Richtungssinn wie Witterungsvermögen anzuzeigen, da sie »nach Damaskus« weist, woher so manches Mal für Israel Gefahr gekommen ist. Das Haupt Sulamiths scheint hoch und stolz aufzuragen, wie der Karmel hoch über dem Meer und über der flachen Jesreel-Ebene aufragt, unübersehbar.

Mit der Purpurfarbe des Haares mag eine rötliche Tönung gemeint sein, in der dieses im Grunde wohl dunkle Haar manchmal im Licht aufschimmert.

Luther übersetzt den etwas unklaren Text im zweiten Teil der Zeile (6b) mit einem reizvoll-erotischen Bild: »ein König liegt in deinen Locken gefangen«. Wie der Mann hier König genannt wird, so dessen Geliebte oft Königin, Fürstentochter, oder wie hier: Sulamith. Der Eigenname der Frau erscheint nur hier im Hohenlied. Auch Sulamith steht, wie schon erwähnt, etymologisch – wie auch Salomo – mit dem Wort »Schalom«, das Friede und Ganzheit bedeutet, in Verbindung.

DAS 27. LIED

7,7 Wie schön und wie lieblich bist du,
du Liebe voller Wonne!

7,8 Dein Wuchs ist hoch wie ein Palmbaum,
deine Brüste gleichen den Weintrauben.

7,9 Ich sprach: Ich will auf den Palmbaum steigen
und seine Zweige ergreifen.
Lass deine Brüste sein wie Trauben am Weinstock
und den Duft deines Atems wie Äpfel;

7,10 lass deinen Mund sein wie guten Wein,
der meinem Gaumen glatt eingeht
und Lippen und Zähne mir netzt.

7,11 Meinem Freund gehöre ich
und nach mir steht sein Verlangen.

In diesem Lied übernimmt ganz zweifellos der Liebende, der Mann, die Führung der Stimme, es ist nicht mehr die Gruppe der Bewundernden, die im Lied zuvor seine Braut beschrieben. Nur ihm steht es zu, ihre Brüste zu beschreiben: als köstliche Weintrauben. Neu ist in diesem Lied vor allem der Vergleich der Frau mit dem Palmbaum. Offenbar ist sie so gerade und hochgewachsen wie eine Palme. Der begehrende Mann schließlich fasst sich ein Herz, diesen Palmbaum zu besteigen, ein offenkundiges Bild – denn damit erkundet er natürlich sie, die Geliebte. Ihre Brüste gleichen den Weintrauben, die ihn berauschen können, und er beschwört sie, ihm ihre Brüste so zu geben, wie der Weinstock die Weintrauben schenkt, und ihren apfelfrisch duftenden Mund zum Kuss: Berauschend küsst sie ihn. Wie bester Wein schmeckt ihm ihr Kuss, der Gaumen, Lippen und Zähne köstlich umspielt. Sie antwortet mit dem freudigen Wissen: »Meinem Freund gehöre ich und nach mir steht sein Verlangen.« Der alte Fluch der Sündenfallgeschichte über die Frau (Gen 3,16), sie werde nach ihrem Manne verlangen, der ihr Herr sei (Gen 3,16), ist mit dieser Stelle wie umgewendet: Hier verlangt der Mann unbändig nach der Frau, die ganz anderes begehrt, als seine Herrin zu sein.

DAS 28. LIED

7,12   *Komm, mein Freund, lass uns aufs Feld hinausgehen
und unter Zyperblumen die Nacht verbringen,*

7,13   *dass wir früh aufbrechen zu den Weinbergen und sehen,
ob der Weinstock sprosst und seine Blüten aufgehen,
ob die Granatbäume blühen.
Da will ich dir meine Liebe schenken.*

In einem ägyptischen Liebeslied findet sich die gleiche Vorstellung: »Zu Felde gehen ist das Schönste für den, der geliebt wird.«[33] Dies gilt natürlich vor allem für die freie junge Liebe, die noch kein gemeinsames Haus hat. Um solche junge Liebe, die nichts sucht als sich selbst, geht es hier wie in vielen Liedern des Hohenliedes. Da geht es nicht um Legitimation, nicht um Ehe, nicht ums Kind – dies alles ist nicht ausgeschlossen, aber noch nicht zum Thema geworden. Diese Liebe hat und braucht keine andere Legitimation als sich selbst.[34] Es geht hier um ein Beheimatetsein im größeren Raum der Natur. Unter den Zyperblumen wollen sie nächtigen und schon früh in den Weinbergen sein, die wir schon mehrfach als symbolischen Ort der Liebeserfahrung kennengelernt haben. Wieder geht es um die Ungeduld des Frühlings, diesmal vor allem von der Frau ausgesprochen: zu sehen, ob der Weinstock treibt und der Granatapfelbaum nicht doch schon blüht. Es steht die drängende Frage der Frau im Raum, ob die Zeit schon reif ist für die Erfüllung der Liebe, die sie ihm doch schenken will.

DAS 29. LIED

7,14   *Die Liebesäpfel geben den Duft,*
und an unsrer Tür sind lauter edle Früchte,
heurige und auch vorjährige:
Mein Freund, für dich hab ich sie aufbewahrt.

Auch wenn sonst nichts weiter über einen Brauch im Alten Israel bekannt ist, Früchte an der Haustüre oder darüber aufzubewahren, und nun gar Liebesäpfel, so wissen wir doch aus der Bibel (Gen 30,14–18), dass z.B. Lea den heimkehrenden Jakob mit Liebesäpfeln empfing, begrüßte, um ihn damit für die Nacht zu sich einzuladen. Ob es sich um Granatäpfel handelt oder auch um die Alraune, wie manche vorschlagen,[35] es geht jedenfalls um eine Art Aphrodisiakum. Mit der Symbolik der Türen ist hier wohl gemeint, den Zugang zum Schoß der Frau zu finden, zu dem sie einlädt. Sie hat hier alles an Köstlichkeiten für ihn bereit gehalten und bewahrt, worüber sie überhaupt verfügt – an Zärtlichkeiten, an Liebesspiel und Liebeskunst. Alles steht für ihn bereit, früher oder später Erprobtes. Die Spielarten der Liebe sind auch in einer bewährten Partnerschaft immer wieder neu, und alles, was je in der Liebe erlernt wurde, klingt wieder an, bleibt hierfür aufbewahrt.

8

DAS 30. LIED

8,1 O dass du mein Bruder wärest, der meiner Mutter Brüste gesogen!
Fände ich dich draußen, so wollte ich dich küssen
und niemand dürfte mich schelten!

8,2 Ich wollte dich führen
und in meiner Mutter Haus bringen,
in die Kammer derer, die mich gebar.
Da wollte ich dich tränken mit gewürztem Wein
und mit dem Most meiner Granatäpfel.

8,3 Seine Linke liegt unter meinem Haupt,
und seine Rechte herzt mich.

8,4 Ich beschwöre euch, ihr Töchter Jerusalems,
dass ihr die Liebe nicht aufweckt und nicht stört,
bis es ihr selbst gefällt.

Es ist eine charmante Paradoxie, mit der dieses Lied der liebenden Frau beginnt. Sie spricht den Wunsch aus, die Phantasie, der Geliebte möge doch ihr leiblicher Bruder sein, aus dem einen Grund, damit sie vor aller Augen mit ihm Zärtlichkeiten austauschen könnte – schickte es sich doch in der damaligen Öffentlichkeit Israels nicht, wenn Unverheiratete dies taten.

Den Bruder könnte sie ganz selbstverständlich mitnehmen in das Haus ihrer Mutter, in dem sie offensichtlich noch lebt. Dort aber – und das meint die Paradoxie – würde sie gerade etwas ganz anderes wollen als von einem leiblichen Bruder: nämlich seine Belehrung in der Liebeskunst, zu der sie – real und symbolisch zugleich – den Würzwein herbeiträgt und auch den Granatapfelmost. Die Bilder von Wein und Granatapfelsaft als Symbole für erotisch-sexuellen Genuss sind uns vertraut. Die beiden letzten Zeilen des Liedes sind aus einem früheren Lied entlehnt. Sie zeigen an, dass es hier zur Erfüllung der Liebe in der ersehnten Begegnung kommt.

Wunderschön in seiner Wärme, wenn auch in der heutigen Umgangssprache nicht mehr häufig gebraucht, ist der Ausdruck Luthers für den Austausch von Zärtlichkeiten, »herzen«: »und seine Rechte herzt mich«. Hier kann der Geliebte ja gerade nicht der Bruder sein, aber in der Paradoxie des Liedes kommt zum Ausdruck, dass es hier auch innerhalb der Leidenschaft, auch der sexuellen Begegnung, noch den Aspekt des Geschwisterlichen gibt: den »Bruder-Mann«, der in geschwisterlicher Ebenbürtigkeit mit »Schwester-Frau« eine liebevolle Verantwortung für deren Würde und Wohlergehen übernimmt, wie ein rechter Bruder dies täte, ein »Bruderherz«.

8

DAS 31. LIED

8,5a *Wer ist sie, die heraufsteigt von der Wüste
und lehnt sich auf ihren Freund?*

Dieses Lied, das eine Gruppe von Augenzeugen des Geschehens, etwa die »Töchter Jerusalems«, wieder anstimmen könnte, ist offenbar ein Fragment, das im Lauf der Sammeltätigkeit von altorientalischen Liebesliedern aus dem Zusammenhang gerissen wurde. Am ehesten noch könnte es eine Zeile aus Lied 12 sein, wo der Hochzeitszug aus der Wüste herauf geschildert wird.

Es könnte auch im übertragenen-symbolischen Sinn verstanden werden, so dass diese Frau, die lange in der Wüste, vielleicht in Einsamkeit und Unwirtlichkeit lebte, nun einen Geliebten gewonnen hat, an den sie sich anlehnen kann, der ihr Schutz und Nähe gibt.

Es könnte aber auch ein Bild dafür sein, wie das Paar, von dem das ganze Hohelied handelt und in dessen Dialog es uns aufnimmt, nun als herankommendes Paar gesehen wird, das von der Wüste her auf die Gärten zugeht.

DAS 32. LIED

8,5 b *Unter dem Apfelbaum weckte ich dich,*
wo deine Mutter mit dir in Wehen kam,
wo in Wehen kam, die dich gebar.

Hier spricht – im hebräischen Text ist es eindeutiger als im deutschen – wieder die junge Frau, spricht selbstbewusst als diejenige, die ihn, den Mann, erweckte, so, wie seine Mutter ihn einst gebar. Schon im 7. Lied war der Apfelbaum zugleich ein Symbol für den Geliebten selbst. Hier wird eine frühere Erfahrung seiner Mutter benannt, die Erfahrung der Wehen, die unter dem Apfelbaum begannen, und daran erinnert. Vielleicht ist sogar eine frühere erotische Begegnung seiner Mutter unter diesem Baum mitgemeint, vielleicht war er schon der Begegnungsort zwischen seiner Mutter und deren Geliebten. Der Baum als Ort der Liebe, insbesondere der Apfelbaum, scheint gleichsam ein archetypisches Bild zu sein, das zu einer Urerfahrung gehört – ein Urbild, das nicht nur in der Bibel, sondern auch in Ägypten und im ganzen alten Orient bekannt ist.

Der »Schoß meiner Mutter« ist, ebenso wie das schon angesprochene »Haus meiner Mutter« oder der »Baum der Mutter«, der Urbereich des Weiblichen überhaupt: In frühen Kulturen war es selbstverständlich, dass die Frau den Mann zur Liebe erweckte.

DAS 33. LIED

8,6 *Lege mich wie ein Siegel auf dein Herz,*
wie ein Siegel auf deinen Arm.
Denn Liebe ist stark wie der Tod
und Leidenschaft unwiderstehlich wie das Totenreich.
Ihre Glut ist feurig und eine Flamme des Herrn,

8,7 *so dass auch viele Wasser die Liebe nicht auslöschen*
und Ströme sie nicht ertränken können.
Wenn einer alles Gut in seinem Hause um die Liebe geben wollte,
so könnte das alles nicht genügen.

Mit diesem Lied, das sowohl die Frau als auch der Mann anstimmen könnte – dies bleibt offen –, erreicht das »Lied der Lieder« seinen Höhepunkt. Hier werden tiefste Aussagen gemacht: Die Glut der Liebe sei ein heiliges Feuer, ja, eine »Flamme des Herrn«, das hieß in Israel: Gottes.

Eigentlich geht es bei diesem Ausdruck »eine Flamme des Herrn« zuerst einmal um einen Blitz, der aus den Wolken fährt. Es ist das Wort für Blitz und meint: Die Liebe kann einen treffen wie ein Blitzschlag. Der hebräische Ausdruck für »Blitz« ließe sich übersetzen mit: »Gottesflamme«.[36] Wenn einen die Liebe trifft, so heißt das zugleich, dass Gott einen trifft, dass man von »Gott« getroffen und betroffen ist. Ein numinoses Geschehen ist dies, das zutiefst erschüttert.

Liebe ist »Ergriffenheit«, »Ergriffenheit von dem, was mich unbedingt angeht« –

sie lässt sich mit den gleichen Worten beschreiben, mit denen Paul Tillich religiöse Ur-Erfahrung beschreibt.[37]

Die Liebe wird hier dem Tod gegenübergestellt. Als Unentrinnbare ist sie so stark wie der Tod, stark wie nur der Tod sein kann. Nicht stärker als der Tod ist die Liebe, auch wenn dies manche Unerfahrene behaupten, aber genauso stark ist sie.

Als Leidenschaft ist sie unwiderstehlich wie das Totenreich, das keinen mehr herausgibt. Als Leidenschaft kann sie etwas Unerbittliches, aber auch etwas Verschlingendes haben.

Liebende sind Ergriffene. Anders als bloß Verliebte sind sie keine verspielten, unsteten Gesellen mehr, die an jeder Blüte naschen. Liebende sind Glühende, die in den Flammen Gottes stehen, von denen sie verzehrt oder verwandelt werden. Liebende sind Menschen, die um den Tod wissen.

Unverfügbar, wie Gott, wie Leben und Tod, ist die Liebe.

Das Siegel auf Herz und Arm, das die Liebenden einander aufzulegen bitten, bedeutet – hier wie in der Antike –, ein Zeichen unkündbaren Vertrags, eines unverbrüchlichen Bundes zu setzen, das sichtbar wie ein Medaillon auf der Brust oder am Handgelenk und Arm getragen wird. Oft ist es die eine Hälfte eines Tontäfelchens, dessen andere Hälfte der Partner an sich trägt.

So tragen sie die Siegel wie Herzens-Schlüssel füreinander auf ihrer Brust und auch an ihren Armen, wo diese Siegel an die Gebetsriemen erinnern, durch die ein jeder in Israel, der sie trägt, zu aller Zeit an seine Verantwortung vor Gott erinnert werden soll, die eine Verantwortung für all die Menschen, die ihm anvertraut sind, einschließt.

Im Sinne eines Parallelismus der Satzglieder schlägt auch hier der erste Teil eines Satzes das Thema an, noch offen für viele Bedeutungen und Assoziationen, die dann im zweiten Teil präzisiert oder durch eine Gegenbehauptung, die auch wahr ist, ergänzt wird.

Hier lässt die Aussage »Liebe ist stark wie der Tod« weitreichende Gedanken zu, etwa den, dass die Liebe auch Tod und Trennung überdauern könne und dass die archetypische Energie der Liebe ebenso stark sei wie die archetypische Macht des Todes.

Der zweite Satzteil setzt dem etwas entgegen, präzisiert das Gemeinte, benennt die Leidenschaft, die so unwiderstehlich sein könne, so unerbittlich, wie die Scheol, das Totenreich, das keinen mehr herausgibt, den es einmal ergriffen hat. Das emotional Hinwegreißende, das jeder leidenschaftlichen Liebe eignet, wird hier als so unentrinnbar betrachtet wie das Sterbenmüssen. So sagt es der zweite Teil dieser Zeile.

Dass es aber zuerst um etwas Hinreißendes und nicht um ein Hinwegreißendes geht, erweist der nächste Vers, das nächste Bild, in dem die überlegene Kraft der Liebe beschrieben wird, mit der sie den elementarsten Gewalten, wie Wasserfluten und Feuersbrünste, gewachsen ist und ihnen standhält.

Erst hier, an dieser einzigen Stelle des Liedes, wird Liebe direkt auf Gott bezogen. »Ihre Glut ist feurig und eine Flamme des HERRN«, so übersetzt Luther.

Liebe also ist heiliges Feuer, Widerschein der Transzendenz.

Wer nun meinte, sich Liebe erkaufen zu können, und gäbe er »alles Gut in seinem Hause«, der hat nichts verstanden, ist ihrer nicht wert, man lachte ihn aus: »So könnte das alles nicht genügen.«

Liebe ist unverfügbar, ist unbezahlbar, ist eine Flamme göttlichen Feuers.

DAS 34. LIED

8,8   Unsre Schwester ist klein und hat keine Brüste.
　　　Was sollen wir mit unsrer Schwester tun,
　　　wenn man um sie werben wird?

8,9   Ist sie eine Mauer,
　　　so wollen wir ein silbernes Bollwerk darauf bauen.
　　　Ist sie eine Tür,
　　　so wollen wir sie sichern mit Zedernbohlen.

8,10 Ich bin eine Mauer,
　　　und meine Brüste sind wie Türme.
　　　Da bin ich geworden in seinen Augen wie eine,
　　　die Frieden findet.

Mit Lied 33 als Höhepunkt schließt nach meiner Überzeugung das Lied der Lieder ab.[38] Die Lieder 34, 35 und 36 scheinen ein später angefügter Anhang zu sein, der weder künstlerisch formal noch inhaltlich an die Bedeutsamkeit des 33. Liedes auch nur entfernt heranreicht. Auch sind diese Lieder recht zeitgebunden in ihrer Aussage, mehr als all die übrigen Texte zuvor.

In Lied 34 wird offenbar den Brüdern dieser hier noch sehr jung erscheinenden Frau in den Mund gelegt, dass sie sich jetzt schon Sorgen darüber machen, wie sie mit ihr umgehen sollen, wenn man eines Tages um sie wirbt. Ist sie – dann! – eine Mauer, also verschlossen und unzugänglich, allzu abweisend vielleicht, dann wollen die Brüder zum Anreiz für die Freier ein weithin leuchtendes silbernes Bauwerk auf der Mauer, die sie ist, errichten – also, wie das Bild besagt, einen sehr hohen Brautpreis auf sie setzen, um damit ihre Kostbarkeit zu erhöhen.

Wäre sie andererseits wie eine »offene Tür«, entsprechend der erotischen Bedeutung von Tür und Schloss, dann wollen sie diese Tür mit Zedernbohlen verrammeln – also dem vorbeugen, dass sie sich verschenkt, ehe sie den entsprechenden Brautpreis für sie fordern und bekommen können.

Wie auch immer: Den Schluss des Liedes übernimmt jedenfalls eine selbstbewusste weibliche Stimme.

Sollen wir hier an die damals noch junge Schwester ihrer Brüder erinnert werden, die im zweiten Lied davon sprach, dass ihre Brüder ihr zürnten, die jedoch dann zur Königsbraut des Hohenliedes wird? Oder vernehmen wir hier die Stimme einer anderen erwachsenen Frau, die sich dessen rühmt, in der Tat wie eine stolze Mauer zu sein, die nicht mehr eingenommen werden kann und die eben deshalb in den Augen ihres Geliebten und mit ihm zusammen eine Frau geworden ist, die Frieden findet: Schalom. Mit den Brautpreisüberlegungen der Brüder hat diese Tatsache allerdings nicht das Geringste zu tun – vielleicht aber wird hier an die letzte Zeile von Lied 33 angeknüpft, die besagt, dass angesichts wirklicher Liebe Geld und Gut nicht zählen.

DAS 35. LIED

8,11 Salomo hat einen Weinberg in Baal-Hamon.
Er gab den Weinberg den Wächtern,
dass jeder für seine Früchte brächte tausend Silberstücke.

8,12 Mein Weinberg gehört mir.
Die tausend lasse ich dir, Salomo,
und zweihundert den Wächtern seiner Früchte.

Es ist wohl ein Scherzgedicht, das »Prahllied« vielleicht eines jungen Mannes, der zunächst in der bekannten Bildersprache, im Symbol des Weinbergs, spricht. Es handelt vom sprichwörtlichen Harem des historischen Königs Salomo, der so groß ist, dass jener ihn bewachen lassen muss, was ihn auch teuer zu stehen kommt.

Der junge Mann, der dieses Lied anstimmt, weiß um seinen eigenen Weinberg, um seine Geliebte, die ihm angehört, weshalb ihn der Weinberg des Königs nicht beeindrucken kann, vielmehr möge dieser die tausend Silbertaler des Kaufpreises behalten und das Geld für die Wächter, die meist Eunuchen sind, dazu. Er selbst braucht nichts davon, er lacht darüber, macht darüber ein Scherzgedicht. Noch einmal schließt dieses Lied an das Stichwort in Lied 33 an, dass Geld und Gut angesichts der Liebe nichts sind.

DAS 36. LIED

8,13 *Die du wohnst in den Gärten,*
lass mich deine Stimme hören;
die Gefährten lauschen dir.

8,14 *Flieh, mein Freund!*
Sei wie eine Gazelle oder wie ein junger Hirsch
auf den Balsambergen!

Soll der Freund »hinwegfliehen« oder soll er »herbeikommen«, wie man den entsprechenden Ausdruck hier auch übersetzen könnte?

Noch einmal beschwört der Freund die Geliebte, die in den Gärten ihrer gegenseitigen Liebe wohnt – dieser Garten ist uns vertraut geworden –, sie möge ihre Stimme vernehmen lassen, sie möge von der Liebe zu ihm sprechen, von der auch die Gefährten wissen sollen, von der die ganze Gesellschaft dieses Landes wissen soll – wie Luther ursprünglich übersetzt.

Sie aber entgegnet, er möge fliehen – ob nun weg von den Gefährten und der Gesellschaft, die dieser Liebe vielleicht nicht wohlgesonnen sind, oder ob er zu ihr hinfliehen soll, in ihre geschützte und schützende Nähe, es bleibt hier offen.

Ein letztes Mal vergleicht sie ihn hier mit der schnellen, fein gebauten, grazilen Gazelle oder auch mit einem kraftvollen jungen Hirsch, der auf den Balsambergen weidet. Eine Einladung, noch einmal und endgültig in den Duft dieser Berge – die zugleich ihre Brüste sind – einzutauchen.

TEIL 2

Gestaltungen zum Hohenlied von Renate Gier

»Zum Einstieg in meine Bilder« — Geleitwort von Renate Gier

Als kleines Mädchen hatte ich mir gewünscht, schöne Lieder singen zu können, meine eigenen. Dass ich auf einen gelernten Text eine fremde Melodie singen sollte, verstand ich nicht. Die vorgegebenen Töne waren für mich nicht zu treffen. Später liebte ich Texte, die mir »aus der Seele sprachen«. Und ich gab ihnen meinen eigenen Klang, einen Farbklang. Heute wünschte ich, dass meine Bilder singen könnten, vielstimmig, so dass die einzelnen Worte darin untergehen.

Ein wunderbarer Text, der mir aus der Seele spricht, ist das Hohelied der Liebe. Die Liebe redet nicht, sie singt. Ihrem Gesang lausche ich, spüre ich nach, lasse ihn zu meinem eigenen Lied werden. Klangfarbe und Rhythmus wandeln sich in Farbklänge und bildnerische Strukturen. Dem Lied lausche ich, indem ich seinen Text – von der ersten bis zur letzten Strophe – immer wieder schreibe, mit Pinsel und Aquarellfarben auf hauchdünnes Japanpapier.

Viele beschriebene Papierbahnen entstehen so.

Später werden sie in mehreren Schichten übereinander, zum Teil im Rhythmus der Schrift zergliedert, neu zu Collagen zusammengesetzt.

Der Text wirkt wie ein Mantra, das, immer wiederholt, meditativ neue Sichtweisen freigibt. Innere Bilder tauchen auf, eines überlagert das andere. Größe, Farbe, Richtung und Struktur der Buchstaben verändern sich.

Meistens schreibe ich Blockbuchstaben. Ohne Wortabstände, ohne Punkt und Komma reihe ich Buchstabe an Buchstabe, sie verlieren ihre Lesbarkeit, werden zu Bildelementen. Geht der Text mir persönlich sehr nahe, schreibe ich mit meiner eigenen Handschrift. Geht er weit über mich hinaus, wirkt er sakral, benutze ich auch hebräische Buchstaben.

In meinen Kompositionen halte ich mich an die drei Grundformen Kreis, Quadrat und Kreuz. Diese Formen begleiten mich schon sehr lange, sind sie doch die Grundlage der Entwicklung des bildnerischen Gestaltens.

Das Quadrat bildet ein bergendes, schützendes Gehäuse; mir ist es ein

Zeichen für ein umgrenztes, bewohntes Feld im Chaos-Meer des Lebens. Nicht zufällig ist die Arche im Gilgamesch-Epos ein Würfel. Wie auch das Hohelied hat es seine Wurzeln in Mesopotamien.

Das Kreuz drückt für mich die Einbindung in Raum und Zeit aus, unsere Lebenskoordinaten. Es bildet auch die Verbindung von Himmel und Erde, Geist und Materie.

Der Kreis, eine mir besonders kostbare Form, zeigt die Sehnsucht nach Vollkommenheit, nach Einheit und Zugehörigkeit zum Großen Ganzen.

Kreuz und Quadrat entstehen, wenn sich die Schriftbahnen aus transparentem Japanpapier überkreuzen. Den Kreis aus Blattsilber lege ich auf der untersten Papierschicht an, so kann er durch alle anderen Papierschichten hindurchschimmern, wenn sie mit flüssigem Wachs verbunden sind. Erst das Wachs macht die Papierbahnen transparent und verbindet sie. Es entsteht ein vielstimmiges Lied.

An Hautschichten denke ich, wenn ich die unterschiedlich gestalteten Schriftbahnen mit heißem Wachs bestreiche und so verbinde, an vom Leben beschriebene Haut.

Welch ein Reichtum, wenn auch die Liebe sich in unsere Haut hineingeschrieben hat, mit der Vielfalt ihrer Farbklänge. Um diese Wirkung zu erreichen, habe ich im Laufe der Jahre die Technik der Wachscollage entwickelt.

Als ich jung war, glaubte ich, die Farbe der Liebe sei Rot. So fühlte sie sich an. Später lernte ich auch ihr blaues Leuchten kennen, manchmal sah ich auch ein goldenes, wenn das Silber durch Gelb scheint. Auch ein grünes, mir noch kaum bekanntes Strahlen kündigt sich zaghaft an. Die Farbklänge sind im Wandel, auch der silberne Kreis ist in Bewegung; greifen und halten kann ich beides nicht.

Auch Lieder sind ja nur da, solange sie erklingen, trotzdem begleiten sie uns.

Beginne ich ein Bild, schreibe ich den Text fortlaufend immer weiter. Nach Abschluss der Arbeit trete ich noch einmal mit ihm in einen Dialog, sehe, wohin es mich gebracht hat, dann erst ordne ich ihm den passenden Text zu.

Nur für die mir wichtigste Strophe mit den Zeilen »Denn Liebe ist stark wie der Tod« war der Text zu Beginn schon anvisiert.

Ich wünsche meinen Bildern, dass sie die Betrachtenden anregen mögen, auch ihre persönlichen Lieder der Liebe zu singen, zu tanzen und zu malen.

Texturen

Renate Giers Gestaltungen zu den Texten des Hohenliedes sind »Texturen«, sind es in mehrfacher Weise: Sie stellen Kompositionen aus Textmaterial, Textelementen dar, wie zum Beispiel Buchstaben es sind, und so finden wir in der Komposition zu dem Text »Denn Liebe ist stark wie der Tod« (Komposition 9) neben lateinischen auch hebräische Buchstaben – ein Alef, ein Beth, ein Mem, ein Lamed. Damit rücken die wichtigsten Sprachen, in denen das Hohelied der Liebe als Text der Bibel überliefert ist, ins Bewusstsein – zugleich mit der Tatsache, dass das Lied der Liebe in allen Sprachen der Welt buchstabiert wird. Die ganze Menschheit versucht sich darin, das Lied der Liebe auszudrücken, zu singen.

Dass das Hohelied der Bibel auch aus der hebräischen Kultur stammt, dass dies seine Muttersprache gleichsam ist, verdeutlicht Renate Gier in dem genannten Bild dadurch, dass sie die hebräischen Buchstaben vor allem in dem intimsten Bereich des Bildes versammelt, in dem silbern schimmernden Kreis, dem sich hier eine Form, die einer Mondsichel gleicht, anschmiegt. Diese ist durch Verschiebungen des Kreises im Bildfeld unwillkürlich entstanden. Beide Symbole, Mondsichel und Kreis, symbolisieren zugleich charakteristische Bewegungsphasen der Liebe. Der Sichelmond ist hier in der zunehmenden Phase dargestellt, der Kreis wiederum spiegelt die vollendete Phase der Liebe wider, den Vollmond der Liebe.

Dieses silbrig schimmernde Doppelsymbol aus Blattsilber erhebt sich aus dem rotbraunen Umfeld, gleichsam dem »Acker des Lebens«, in dem das Lied der Liebe tagtäglich neu buchstabiert werden muss. Die Buchstaben wiederum, die keinen bestimmten Text abbilden, sondern etwas Eigenes darstellen, sind jeweils zu einer Textur, einem Buchstabenfeld verwoben. Renate Gier gestaltet in dieser Folge von Kompositionen zum Hohenlied Buchstabenfelder von eindringlicher Ausdruckskraft. Als Betrachterin buchstabiert man mit und liest jeweils ein eigenes Lied der Liebe mit hinein. Auch die künstlerische Technik, in der die Texturen hergestellt sind, eben Wachscollage mit Blattsilber, entspricht der Botschaft des Hohenliedes, ausgedrückt und gestaltet in Papierschichten, die zum Teil transparent für einander sind. Die Vielschichtigkeit, Mehrdimensionalität, die Übergänge, Überlagerungen und Verwerfungen des Liebes- und Beziehungsgeschehens, von denen auch das Hohelied spricht, werden durch diesen Gestaltungsmodus sinnenhaft nachvollziehbar.

Die Kompositionen umspielen frei die Nuancen dieser altorientalischen Sammlung von Liebesgedichten, gestalten bestimmte Motive aus – z.B. zum Doppel-Symbol von Sichel und Kreis – und zeichnen damit die beständige Suchbewegung der Liebenden nach: das sich Verlieren und einander Wiederfinden, die Phasen der Liebe, die wie Phasen des Mondes sind: aufgehend, sich erfüllend, abnehmend, bis zum Neumond, der den neu aufgehenden Mond schon wieder in sich trägt. Die symbolische Gestalt der Mondsichel, die in diesen Kompositionen immer wiederkehrt, kann für den Wechsel der Gezeiten stehen, der Gefühlsströmungen, von denen auch das Hohelied immer wieder spricht: Es geht dort um ein Suchen und einander Finden der Liebespartner, ein sich wieder Verlieren und sich Wiederbegegnen, um Qual und um Glück. Und so steht der volle Kreis, der in keiner der Kompositionen fehlt, symbolisch jeweils für das Runde Ganze der Liebe und des Lebens, auf das sich die Liebenden auf ihrem Weg zum Ganzwerden beziehen. Selbst ein Gottessymbol kann der Kreis sein und damit als ein Hinweis auf die Transzendenz der Liebe verstanden werden, auf all die Suchbewegungen zur Erfüllung des Lebens.

Die Farbgestaltung betont die Skala der warmen Farben von Orange bis Purpur als farblichen Ausdruck der Liebesemotionen, ergänzt ihn durch dunklere Töne von Violett bis Schwarz – und setzt diese Skala in jeder der Kompositionen in Beziehung zum Silber, das, als Blattsilber unterlegt, als milder Schimmer des Mondlichtes eine feine geheimnisvolle Gefühlstönung enthält und, da es eigentlich keine Farbe, sondern der Glanz, der Schimmer eines edlen Metalls ist, die übrigen Farben auf eine neue Qualität hin transzendiert – wie es die Liebe innerhalb der Farben des Lebens tut.

Der Wachscollagen-Zyklus zum Hohenlied

Wenn Texte zu Bildern inspirieren, indem die Bilder, die beim Lesen der Texte innerlich in uns aufsteigen, zu gestalteten Bildern werden, so ist dies ein schöpferischer Glücksfall. Gewiss lösen die Texte des Hohenliedes in jeder und jedem von uns auch unterschiedliche Bilder aus. Doch kommen wir beim Betrachten der Bilder, die eine andere, die Renate Gier, dazu gestaltet hat, unweigerlich auch mit unseren eigenen inneren Bildern in Resonanz.

Renate Giers Bilder, die diesem Buch eingefügt sind, verdanken sich selbst einer tiefen Resonanzerfahrung mit den Bildern des Hohenliedes von der Liebe; sie wollen deshalb nicht illustrieren, sondern die sprachliche Poesie des Hohenliedes in die bildnerische Sprache übersetzen, in die eigene Sprache der Künstlerin Renate Gier. Mich selbst haben ihre Bilder zu einer vertieften Wahrnehmung auch der Sprachbilder des Hohenliedes angeregt, zu einer Meditation der innigen Beziehung zwischen Sprache und Bild. Wie zu den einzelnen Liedtexten versuche ich in diesem Kapitel, zu den einzelnen Reproduktionen der Bilder, den Wachscollagen Renate Giers, eine begleitende »Führung« zu geben, wie wir das auch von Ausstellungen her gewöhnt sind.

KOMPOSITION 1   100 × 100 CM

*Zieh mich dir nach, so wollen wir laufen.
Der König führte mich in seine Kammern.
Wir wollen uns freuen und fröhlich sein
über dich. (1,4a)*

ÜBERSETZUNG VON LUTHER

Die Frau stimmt das freudige Lied, die Einladung an ihren Geliebten an, ihren »Herzenskönig«, der sie in seine Kammer führen soll.

In vielen Nuancen des Rots – von Rotviolett, Purpur bis zum flammenden Hellrot – ist die Textur der Komposition 1 zum Hohenlied gewoben; zugleich ist sie über einen Silberkreis aus Blattsilber gelegt. Allein schon diese Farbgebung – Rot zu Silber – lässt die Gefühle, die das Hohelied auslöst, voll aufklingen. Da ist das Rot der Leidenschaft, das symbolisch dem männlichen Prinzip zugeordnet wird, verbunden mit dem Silber, das als Mondlicht mehr als symbolischer Ausdruck des Weiblichen erscheinen kann. Gewiss aber haben Frau wie Mann an beiden Gefühlsqualitäten Anteil.

Die Verflechtung der Farben ist hier wichtig, sind doch auch die Texte der Lieder des Hohenliedes durchweg dialogisch gestaltet, die Stimme der Frau jeweils auf die Stimme des Mannes bezogen, mit ihr verwoben, beide Stimmen wie miteinander verflochten.

Charakteristisch an Komposition 1 sind die Wege, die Wegpaare, die das quadratische Bildfeld von oben nach unten, von unten nach oben, vertikal durchziehen. Vor allem die dunklen, blauviolett getönten Wegpaare, von Silberlinien begleitet, springen ins Auge, die den Kreis mehr zur rechten und mehr zur linken Seite durchziehen.

Diese Wege sind bei der Gestaltung dieser Komposition durch reales Aufschneiden der verschiedenen »Hautschichten« des Bildes entstanden – z.B. der Schichten der sich überlagernden Japanpapiere –, wobei die Einschnitte unterschiedlich tief gehen. An einigen Stellen aber gehen sie so tief, dass sogar das unterlegte Blattsilber durchschnitten und die dunkle Basis darunter sichtbar wird.

Es geht offenbar darum, Bahnen zu finden, Bahnungen für die Liebe, auf denen sie sich bewegen kann, hellere und auch dunklere. So bleiben manche der Bahnen faktisch geöffnet, sie sind aufgeschnitten, um die darunter liegenden tieferen Schichten der Haut freizulegen. Sie legen die Herzhaut frei, legen sie offen. Liebe kann einschneiden in ein Leben und legt das Tiefste der beiden Liebenden frei, fördert es zutage.

Durch diese »Einschnitte« entstehen Spalten im Kreis, wird der Kreis breiter und gleichsam gedehnt. Es wird angedeutet, wie sehr die potentielle Einheit, die der Kreis darstellt – mit sich selbst und miteinander – ersehnt wird, die Herzhaut wird ihr sozusagen entgegengedehnt, doch ist sie hier noch nicht vollendet.

Einen Lebenskreis zu durchschreiten, zu zweit, dazu fordert die dem Bild zugeordnete Luther-Zeile auf: »Zieh mich dir nach, so laufen wir.«

Im Umfeld des Kreises finden sich mehrere Farbtönungen, die auch durch die einander überlagernden Papierschichten der Wachscollage und ihr Durchschimmern erzeugt sein mögen: Die eine Stelle erscheint hier mehr purpurn, eher heller, während dunklere Stellen die schattigeren Bereiche des Landes der Seele andeuten, das die Liebenden durchwandern.

KOMPOSITION 2 100 × 100 CM

*Ich bin braun, aber gar lieblich,
ihr Töchter Jerusalems,
wie die Zelte Kedars, wie die Teppiche Salomos.
Seht mich nicht an, dass ich so braun bin;
denn die Sonne hat mich so verbrannt. (1,5–6a)*

ÜBERSETZUNG VON LUTHER
(Das Adjektiv »schwarz« wurde erst im revidierten Text von 1984 durch »braun« ersetzt.)

Wieder stimmt die Frau das Lied an, sie, die Geliebte des Königs, hat eine dunkle Hautfarbe. Trotz der dunklen Haut findet sie sich lieblich und bittet darum, sie ihrer Hautfarbe wegen nicht zu verachten, denn die Sonne, die über einem Leben im Freien und bei harter Arbeit steht, habe sie so verbrannt. Schwarzbraun ist sie geworden.

In die gedämpfte Farbigkeit der zweiten Komposition sind fünf schwärzlich-graue Felder eingefügt, die von allen vier Seiten des Quadrats her vom Außenfeld des Bildes in das Innere, in das Kreisfeld hineinragen und sich dabei überlagern: Zwei dieser Felder kommen von unten, eines von oben; eines weiteres kommt von rechts, ein anderes von links, etwas höher im Bildraum gelegen. Im Ganzen sind also fünf solcher Felder angelegt – und Fünfheit steht bei Renate Gier, wie sie selbst sagt, für »Körperlichkeit«, für den Körper in seiner Ganzheit, also auch mit der Haut, die ihn umspannt – eben auch mit der dunklen Haut, die dieser Frau eigen ist. Bei ihrem Vorstoß auf die Mitte zu verjüngen sich diese Felder. Sie machen die vier Richtungen bewusster und fügen dem helleren Lebensrot, das dominiert, Schattigeres hinzu, auch darin Ganzheit vermittelnd: »Ich bin braun, aber gar lieblich.« Es ist, als ob die verschatteten Anteile der Frau, letztlich aber eines jeden der beiden Partner, hier mitgeliebt sein wollten.

Das Weg-Motiv, das schon in der ersten Komposition vorkam, verwandelt sich hier in vielfältige, bewegte Einzelpfade, wie wir sie auch aus den Texten des Hohenliedes kennen. Hier sind es keine Einschnitte, sondern Wege, von dem unterlegten Silber getragen, das unberührt bleibt. Die Komposition ist gegenüber der ersten lebhafter geworden.

Die Texturen der Buchstaben zu diesem Bild, in hellem Rot gehalten, treten hier hinter dem Weg-Motiv zurück, das dominiert.

Wenn dieser 2. Komposition jedoch von der Künstlerin der Text zugeordnet wird: »Ich bin braun, aber gar lieblich«, oder auch der nächste Vers: »Seht mich nicht (immer so) an, darum, dass ich so braun bin«, so kann ich mich als Betrachterin der Komposition dadurch angeregt sehen, in ihr auch ein bestimmtes Antlitz wahrzunehmen: das von Salomos Geliebter, die vielleicht eine Nubierin ist wie die in der Bibel erwähnte Königin von Saba, die gerade wegen ihrer dunklen Schönheit berühmt ist und in deren Antlitz Licht und Schatten sich spiegeln und abwechseln wie in diesem Bild. Zu den dunkleren Farbfeldern könne man auch »Wolken« assoziieren, meint Renate Gier, die Schatten auf unsere Gesichter werfen.

Viele der Wege wiederum, die sich die Liebe über dieses Gesicht hin ertastet, sind von einem goldenen Schimmer, sind »Goldes wert«. Renate Gier selbst aber denkt bei dieser Komposition weniger an das Antlitz als an die ganze, hier etwas gedrungen geratene Körpergestalt eines Menschen samt der Fünfheit seiner Extremitäten: den beiden Armen, den beiden Beinen und dem Kopf.

KOMPOSITION 3   115 × 115 CM

Wie eine Rose unter den Dornen,
so ist meine Freundin unter den Töchtern. (2,2)

ÜBERSETZUNG VON LUTHER (1912)

Dein Haupt auf dir ist wie der Karmel.
Das Haar auf deinem Haupt ist wie Purpur;
ein König liegt in deinen Locken gefangen. (6,5)

ÜBERSETZUNG VON LUTHER

Die Flechten deines Hauptes wie Purpur, –
ein König verstrickt sich in den Ringeln. (7,6b)

ÜBERSETZUNG VON BUBER

Nun besingt der »Herzenskönig« seine Geliebte, die er selbst gerade wegen ihrer Dunkelheit unsäglich schön findet.

Im Unterschied zu den beiden ersten Kompositionen stellt die dritte eine konzentrierte und ruhige Gestaltung dar, die aber vor allem an die erste anknüpft. Aus den dort geöffneten »Bahnen« und Bahnungen für die Liebe quillt hier gleichsam das Innerste der beiden Menschen empor. Der Kreis aus Blattsilber, in dessen Innerem noch ein hellerer Kreis sichtbar wird, ist besonders groß ins Bild gesetzt, beherrscht es zentral. Für Renate Gier ist dieser Kreis vor allem das »Runde Ganze«, das »Selbst« der Liebenden.

Er ist auf der Bildfläche etwas nach rechts oben verschoben, bewegt sich also unter den Händen der Gestalterin unwillkürlich in die symbolische Richtung der Zukunft, der Verwirklichung. Wie ein bergender Rahmen für das strahlende Silber des Kreises wirkt das Außenfeld in Purpur, in das hinein sich die senkrechten Buchstabenbänder, in dunklerer Tönung, fortsetzen. In regelmäßigem Rhythmus sind sie hier angeordnet und wirken zugleich wie ein Vorhang: Sie verlaufen von oben nach unten, wie übrigens auch die chinesische Schrift. Von der Ferne wirken die Buchstaben tatsächlich wie chinesische Schriftzeichen, sind aber, wie sich aus der Nähe zeigt, aus lateinischen Blockbuchstaben zusammengesetzt. Sie wurden der oberen Bildfläche der Wachscollage eingebügelt, während das Blattsilber mit seiner sehr fein gezeichneten Buchstabenstruktur den Hintergrund bildet.

Vom Ausdruck her könnte diese Collage besagen, dass die Wege der Liebe – im Vergleich zu denen von Komposition 1 und 2 – sich nun geordnet haben, zu einer klaren, rhythmisch angeordneten Textur, die sich über dem Runden Ganzen des Lebens, dem Silberkreis, ausbreitet; dass die Texturen der Liebe aber auch in allen Sprachen und Schriften der Welt, auch der von oben nach unten geschriebenen, buchstabiert werden können und, so geordnet sie an bestimmten Stationen auch erscheinen, doch immer auch ein wenig rätselhaft, geheimnisvoll, ein wenig »chinesisch« bleiben.

Wenn der Text der Fassung von 1912 zu dieser Komposition lautet: »Wie eine Rose unter den Dornen, so ist meine Freundin unter den Töchtern«, so dürfen wir wieder in diesem silbernen Kreis auch das Antlitz der Geliebten, Sulamiths, erkennen.

In der Farbe, die die Farbe der Rose ist, und in den acht oder neun Wegen (wenn man das Außenfeld hinzunimmt) lassen sich zugleich die aufrecht emporwachsenden, dornenreichen und knubbelbedeckten Stängel der Rosen sehen, mit denen die Geliebte verglichen wird – und in die sich der Liebende, wie er selbst sagt, verstrickt hat: »Ein König liegt in deinen Locken gefangen.«

Die hohe, gleichsam stolze Aufrichtung und Erhebung dieser Linien mag aber auch hinweisen auf den Vergleich mit einem Berggipfel: »Dein Haupt auf dir ist wie der Karmel« und könnte auf die aufrechte Art und Haltung, in der sie ihren Kopf trägt, zu beziehen sein.

KOMPOSITION 4   90 × 90 CM

*Wie ein Apfelbaum unter den wilden Bäumen,
so ist mein Freund unter den Jünglingen.
Unter seinem Schatten zu sitzen begehre ich,
und seine Frucht ist meinem Gaumen süß. (2,3)*

ÜBERSETZUNG VON LUTHER

*Ich bin gekommen, meine Schwester, liebe Braut,
in meinen Garten.
Ich habe meine Myrrhe samt meinen Gewürzen
gepflückt;
ich habe meine Wabe samt meinem Honig gegessen;
ich habe meinen Wein samt meiner Milch getrunken.
Esst, meine Freunde, und trinkt und werdet
trunken von Liebe!« (5,1)*

ÜBERSETZUNG VON LUTHER

Das Hohelied ist dialogisch aufgebaut. Wieder rühmt die Frau den Geliebten, er sei »wie ein Apfelbaum unter den wilden Bäumen«, und der Freund antwortet: »Ich bin gekommen, meine Schwester, liebe Braut, in meinen Garten.«

Eine besonders helle, lichte und weiträumige Komposition ist dies! Sie lässt, ein bisschen verspielt, an Gärten, an eine Gartenlandschaft denken. Die geordnete Form der »Rosenstängel« aus der vorhergehenden Komposition, ihr koordiniertes Nebeneinander, dort fast ein wenig zu sehr geordnet, ist hier wie auseinandergeweht. Der Silberkreis ist durchbrochen, wie aufgeplatzt, und durch den Raum, den die Figurationen brauchen, wieder etwas in die Breite gezogen. So gewinnt der Kreis etwas Hingelagertes. Es sind ihm hier keine geschlossenen Figurationen mehr eingezeichnet, sondern locker geschwungene, sich selbst unterbrechende Gebilde. Sie muten ein wenig wie arabische Buchstaben an – wird hier das Lied der Liebe gleichsam orientalisch neu intoniert?

Auch wirken die starken roten Linien wie lebendig, sie zucken im Takt, Pulsschlägen vergleichbar – recht gegensätzlich zu den wie gedrechselt wirkenden ruhigen Stäben der Komposition zuvor.

Die beiden Figurationen stehen sich hier in einem guten, weiträumigen Abstand gegenüber. In der Mitte zwischen den pulsierenden Linien ist hellerer, offener Raum, wo der Apfelbaum aufblühen könnte.

Die kleinen, roséfarbenen, kreisförmigen und ovalen Gebilde zwischen den Linien wirken wie einander zugeworfene Bälle – Äpfel? – in spielerischem Kontakt.

Das Bild hat etwas Aufblühendes. Die kleinen runden Gebilde könnten auch Apfelknospen oder schon offene Blüten sein, während im äußersten Segment zur Rechten des Kreises halbrunde Formen wie Brüste erscheinen.

Die Farben dieser Komposition sind gegenüber den ersten drei spürbar verändert. Sie sind gleichsam »apfelfarben« geworden, wie von einer frischen Frucht vom Apfelbaum des Geliebten angeregt. Hier blüht Zärtlichkeit auf.

Zwischen Orange und Rosé spielend, deuten diese Farben die Rötung einer reifen Frucht an; die hier ganz neuen Töne von Blau könnten auch Ausdruck für die knackige Frische und Säure eines reifen Apfels sein.

Die helle Rosé-Tönung des gesamten Kreises kann an die Farbe des Fruchtfleisches erinnern. Gelbspuren durchziehen das Bild und lichten dessen roten Grund auf.

Die beiden Bildleisten stehen sich als reizvolle Figurationen mit Stäben und Rundungen gegenüber, am linken und rechten Bildrand, und geben dem Bild eine Fassung. Wie ein liebevoll eingerahmtes Gesicht, von warmen Rottönen umgeben, kann diese Komposition wirken, wie ein Portrait ihres Geliebten im Gleichnis des Apfelbaums. Es ist eine liebevoll gestaltete, beseelte Körperlandschaft.

Im Inneren des Silberkreises, in dem viel Leben herrscht, treffen wir auch auf die relativ groß geschriebenen lateinischen Buchstaben in Blau sowie auf eine kleiner geschriebene, senkrecht dazu stehende Buchstabenreihe in Rot-Orange und Gelb, die, wie Buchstaben dies tun, der Komposition einen gewissen Halt gibt. Dazwischen schweben die Kreise, Kugeln und Ringe wie Seifenblasen in Rosé – auch länglich und in Eiform gestaltet – und geben der Kreisfläche etwas Verspieltes, eine gewisse Leichtigkeit und Offenheit.

KOMPOSITION 5   120 × 120 CM

*Wer ist sie, die hervorbricht wie die Morgenröte,
schön wie der Mond, klar wie die Sonne,
gewaltig wie ein Heer? (6,10)*

ÜBERSETZUNG VON LUTHER

*Wer ist diese,
die vorglänzt wie das Morgenrot,
schön wie der Mond,
lauter wie der Glutball,
furchtbar wie die Fahnenumschwungnen? (6,10)*

ÜBERSETZUNG VON BUBER

Wieder beherrscht der Silberkreis den Bildraum der Komposition, lässt kaum Platz für ein Umfeld. Links unten am Innenrand des Kreises zeichnet sich die Sichelform ab, auch Zeichen für den Mond, hier in abnehmender Phase, während ihm gegenüber, rechts oben, außerhalb des Silberkreises, die entsprechende Form die zunehmende Phase zeigt, nun in Blutrot. Im Innenraum des Kreises, des »Glutballs«, erscheinen zwei weitere konzentrische Kreise innerhalb eines dritten, die auch einem Auge gleichen, wobei sich einer der Silbermonde an die Pupille schmiegt, dem wiederum ein dunklerer Mond gegenübersteht. In diesem »Auge« ließe sich auch die Frage, die der Text stellt, nach dem vielschichtigen Wesen der Geliebten erkennen: Wer ist sie wirklich? Wen »sieht« der Liebende in ihr?

Besonders fein gezeichnete Texturen in Rot-Orange, kreuz und quer eingezeichnete Buchstaben, füllen den Silbergrund des Kreises aus.

Wie ein Vorhang aus kühlerem Rot senken sich Bänder aus anderen, freieren Buchstabenformationen hier in das wärmere Rotfeld hinein, von oben her einfallend. Sehr geordnet sind sie angebracht, diese Bänder, und sie treffen auf das Segment einer weiteren leeren Kreisform, die sich von unten her in das Bild schiebt.

Das Umfeld dieses Kreises besteht überwiegend aus blutrotem Grund, wobei die Buchstaben in Farben zwischen Schwarz, Grau, Rot und Orange erscheinen: Diese Farben können zugleich Wechselbäder der Emotion andeuten, wie sie in der Liebe vorkommen – auch das »Furchtbare« andeutend, das, wie der Text in Bubers Übersetzung sagt, auch zur Geliebten gehört.

Der Silberkreis selbst, samt dem wachen »Auge«, das man in ihm erkennen könnte, wird von der Mondsichel-Form, links am Innenrand des Kreises, wie von einer Schale getragen. Am Außenrand, rechts oben, korrespondiert wie schon gesagt eine dunkel-purpurne Sichel. Gegensätze stehen hier einander gegenüber und korrespondieren miteinander, wie in der Geliebten, die »lauter wie der Glutball« ist, also klar wie die Sonne, und doch auch »schön wie der Mond«, also geheimnisvoll-zurückhaltend und letztlich auch »furchtbar wie die Fahnenumschwungnen« – eine Jeanne d'Arc? – oder gar »gewaltig wie ein Heer«. In all diesen Bildern sieht sie der Liebende, dessen Blick die Komposition zu gestalten sucht. Wer ist sie wirklich?

KOMPOSITION 6 180 × 180 CM

*Die vielen Wasser vermögen nicht
die Liebe zu löschen,
die Ströme können sie nicht überfluten. (8,7)*

ÜBERSETZUNG VON LUTHER (1912)

Wie Wogen seien hier die Querlinien (in Krapplack und in Zinnober), in denen der Kreis in diesem Bild sozusagen »schwimme«, so die Künstlerin, die manchmal selbst gerne in der Lichtbahn auf dem Wasser, die die Abendsonne wirft, schwimmt. In der Mitte stehe hier der Kreis wie eine untergehende Sonne. Das Bild sei auch mit Wehmut verbunden, es gehe da auch um die Abschiede in der Liebe.

Die Buchstabenbänder – wie Blockbuchstaben überhaupt – geben dem wogenden Ganzen andererseits einen Halt.

Mit den Maßen 180 × 180 cm stellt die Komposition 6 die bisher Großformatigste dar. Die Größe des Formats hängt mit dem Ausdruck großen Raumes zusammen, auf den es hier ankommt, und verleiht dieser Komposition eine besondere Ausstrahlung.

Der Kreis ist hier sehr stark und deutlich vom Umfeld abgesetzt, erhält dadurch Schwere und ein gewisses Gewicht. Er ist wie ummantelt von weiteren Kreisen, am deutlichsten von dem in Violett, der Farbe schöpferischer Spannung und Wandlung. Hell schwebt der Silberkreis im Bildraum, rechts oberhalb der Mitte, gefüllt mit überaus dicht gewebten Strukturen aus Buchstaben, die in strahlend festlichem Zinnober erscheinen. Hier verläuft das Buchstabenband im Unterschied zu den kreisenden Wellenlinien des Umfeldes eher vertikal, auch sind einzelne Buchstaben zu erkennen, z.B. die Vokalbuchstaben A, aber auch E.

Der Innenkreis ist von rechts her umfangen von einer Form, die wieder einer verdoppelten Mondsichel gleicht, hier in der aufgehenden Phase, der hellsten Stelle des Bildes, dem von links her eine noch schmalere Sichel in untergehender Phase, jetzt in Purpur, gegenübersteht. Umfasst wird der Kreis samt den beiden Sichelmonden von dem schon erwähnten, breiten violetten Farbband, das die ganze Formation zusammenschließt, aber durchscheinend für das Darunterliegende bleibt. Das Rund, gefüllt mit Textur, auch mit den Anmutungen des aufgehenden wie des untergehenden Mondes, kann hier die Gezeiten der Gefühle beschreiben, ihr Zunehmen und Abschwellen in bestimmten Rhythmen, wie sie auch im Hohenlied als Wechsel zwischen Kommen und Gehen, Verbundenheit und Trennung beschrieben sind. Eben deshalb wohl stellt Renate Gier dem Bild die paradoxe Erkenntnis entgegen: »Die vielen Wasser vermögen nicht, die Liebe zu löschen.« (8,3) Es sind zugleich die Wasser, in denen die Liebe »schwimmt«.

Bemerkenswert und schön, dass der äußerste, der hellere Kreis in Bimsgrau, der den purpur-violetten noch weiter außen umschwingt, hier durch die Grenzen des quadratischen Bildformats wie »angeschnitten« wirkt, also potentiell über das vorgegebene Format hinausweist: Dies besagt im Blick auf die Liebesbeziehung, dass sie im vorgegebenen Rahmen nicht »aufgeht«, sondern in einem größeren Ganzen schwingt, in dem sie nicht verloren gehen kann.

KOMPOSITION 7 120 × 120 CM

*Was ist dies,
heransteigend von der Wüste,
Rauchsäulen gleich,
umdampft von Myrrhe und Weihrauch,
von allem Pulver des Krämers? (3,6)*

ÜBERSETZUNG VON BUBER

*Was steigt da herauf aus der Wüste
wie ein gerader Rauch,
wie ein Duft von Myrrhe, Weihrauch
und allerlei Gewürz des Krämers? (3,6)*

ÜBERSETZUNG VON LUTHER

Sehr zart und dicht, wie ein filigranes Netz, liegt die Textur aus Buchstaben über dem ganzen Bildraum. Die Atmosphäre ist erfüllt von einem inneren Vibrieren, einem Buchstabieren der Liebe, so könnte man angesichts dieses Bildes sagen, in dem – laut dem beigefügten Text – der Liebende seine Geliebte aus der Wüste herannahen sieht. »Was steigt da herauf«, so fragt er, ihrer doch schon gewiss, »aus der Wüste?«

Drei Silberpfade durchziehen die farblich wieder einheitlichere Landschaft des Bildes, die sehr fein strukturiert ist, wie aus Körnern von Wüstensand: Drei helle Streifen sind es, jeweils von Schatten begleitet, die diese Fläche durchziehen, der linke ganz schmal, der rechte breiter. Hier herrscht die Senkrechte: geradlinig, so gerade wie Rauchsäulen aufsteigen, sieht der Liebende die Geliebte aus der Wüste zu sich heraufkommen. Die Künstlerin sieht in diesen ins Bild gesetzten dreifachen »Säulen« auch drei Phasen des Näherkommens, des Herannahens dieser einen geliebten Gestalt. In dem zentralen Kreis, der dieses Mal ganz in die Mitte des Bildes gesetzt ist, entsteht nun durch Verschieben weiterer Kreisformen, die zur Komposition gehören, die Gestalt eines Eies. Es stellt zugleich auch etwas Augenhaftes und Mandelförmiges dar. Diese Form bringt zugleich eine dynamische Diagonale ins Bild.

Durch dieses Ei-Symbol, auch wenn es ungewollt-unwillkürlich beim Gestalten entstanden sein sollte, wird Hoffnung auf neues Leben, auf Zukunft geweckt. Die Geliebte wird wirklich kommen.

Der Ganzheitskreis der Liebe trägt hier die Mondsichel-Figurationen in zunehmender und in abnehmender Gestalt in seinem Inneren, so dass die innerste Form wie ein Ei erscheint, an das die Sicheln sich anschmiegen. Solche Sichelmondformen, angefüllt mit gelbroten und blauroten Texturen, können die Wandlungsphasen der Liebe andeuten, wie sie jede tiefe Beziehung kennt, bis dahin, dass manche dieser Phasen sich so karg wie Wüstenwanderungen anfühlen.

Ins Auge gefasst ist hier aber das Heraufkommen der Geliebten, wie der Liebende es sieht: Dass sie wirklich kommt! Die Künstlerin gestaltet eine transparente Figur, die sich im Näherkommen – in drei Phasen – immer mehr ins Sichtbare verdichtet.

Eine wunderbar ausgewogene und doch in schwebender Balance gelassene Komposition ist dies.

Intensiver Meditation verdankt sich dieses Feld feinster Textur. Durch die Winzigkeit, in der die Buchstaben hier gehalten sind, die sich übereinander schieben, entsteht der Eindruck einer weiträumigen belebten Fläche, einer belebten Wüste, über der sich die silbernen Pfade bzw. die transparente Gestalt selbst wie eine Verheißung ihres Kommens erhebt und leuchtet – zumal der ganze Kreis von einem zarten Rechteck umfasst ist, das ihn trägt und das nach rechts, zur Zukunftsrichtung hin, geöffnet ist.

KOMPOSITION 8   115 × 115 CM

Nach seinem Schatten begehre ich ... (2,3b)
ÜBERSETZUNG VON BUBER

Ich schlief, aber mein Herz war wach.
Da ist die Stimme meines Freundes,
der anklopft:
»Tu mir auf, liebe Freundin,
meine Schwester, meine Taube, meine Reine!
Denn mein Haupt ist voll Tau
und meine Locken voll Nachttropfen.« (5,2)

ÜBERSETZUNG VON LUTHER

Der verdunkelte Kreis ist Blickpunkt und Brennpunkt des Bildes, auch wenn er benachbart ist von einem helleren, der den gleichen Umfang hat.

Doch werfen wir gleichsam durch den dunklen Kreis hindurch einen Blick auf das Bild wie durch eine dunkle Brille, so dass auch die Helligkeit dahinter nicht mehr ganz klar hervorscheinen kann.

Das leuchtend rote Rund, das beide Kreise umgibt und umfasst, bahnt sich jedoch selbst einen Weg nach rechts unten, vielmehr »es schreitet aus« – wird aber von den übergroßen schwarzen Buchstaben überdeckt, die hier ohne Zweifel etwas Bedrohliches, etwas Wildes und Gebieterisches haben.

Auch wenn das viel größere rote Farbfeld, das hinter dem dunklen Kreis liegt, dessen Dunkel aufhellt, behalten die verhältnismäßig übergroßen schwarzen Buchstaben, die den Kreis umgeben, etwas Beklemmendes, auch stehen sie innerhalb eines Rechtecks, das den Kreis von außen her einengt.

Oder soll dies auch eine Assoziation an die enge Kammer wecken, aus der heraus die Liebende dem Liebenden entgegenfiebert? Es ist immerhin ein Rechteck, das sich nach rechts außen hin wieder öffnet. So bleibt eine Ambivalenz im Ausdruck des Bildes.

Die Texturen sind dieses Mal besonders vielfältig und unterschiedlich gestaltet. In einer Farbwelle von Zinnober erscheinen sie im Silberkreis, in unterschiedlicher Größe, doch sind sie alle miteinander verwoben. Dem dunklen Kreis in Silber aufgeschrieben, wirken sie eher verschattet.

Auch das Zinnober-Rot des Zentrums verdunkelt sich hier im Bild zu einem Rotviolett, zusammen mit der Sichelform, die sich von links her der Kreisfigur anfügt, während im sonstigen Umfeld ein Blau-Grau den Hintergrund bestimmt.

Am unteren linken Bildrand erhebt sich ein weiteres Kreissegment in Violett, während sich nach der rechten unteren Ecke hin, wie gesagt, der rote Innenkreis einen Weg nach außen öffnet, vielmehr ihn sich energisch bahnt. Erscheint diese Figuration in Rot nicht letztlich wie ein witternder Löwe, dessen Vorderlauf sich zielsicher vorantastet, wenn auch noch versteckt hinter dem »Dickicht« dieser dunklen Buchstaben, indem sie sich auch noch bedeckt hält, wie man sich in der riskanten Annäherung an den Geliebten lange bedeckt halten kann?

Wahrscheinlich drücken die markanten Lettern, die über alles andere hinweggeschrieben sind, in der Komposition auch eine gewisse Bedrohung von außen aus, wie sie oft auftaucht, wenn ein Liebender nachts vor der Tür der Geliebten steht, eine Bedrohung aus dem Raum der Gebote und Gesetze oder auch des eigenen Gewissens?

Es ist aber auch etwas Vorandrängendes im Ausdruck dieses Bildes, wie wenn einer – im Profil gesehen – mit vorgerecktem Kopf und ausgreifendem Arm oder auch Bein den Rahmen nach rechts durchstoßen wollte, im Sinne von: »Nun tu mir endlich auf, liebe Freundin!« – auch wenn die schwarzen Lettern ihm von links her wie nachgehen, ihn festhalten, ihm in den Rücken fallen und ihn bedrängen.

KOMPOSITION 9 180 × 180 CM

Aber als ich meinem Freund aufgetan hatte,
war er weg und fortgegangen.
Meine Seele war außer sich,
dass er sich abgewandt hatte.
Ich suchte ihn, aber ich fand ihn nicht;
ich rief, aber er antwortete mir nicht.
Es fanden mich die Wächter,
die in der Stadt umhergehen;
die schlugen mich wund.
Die Wächter auf der Mauer nahmen mir
meinen Überwurf. (5,6–7)

ÜBERSETZUNG VON LUTHER

Das große Format (180 × 180 cm) spielt dieses Mal auch eine Rolle beim Ausdruck des Schauplatzes: Es ist eine große Stadt, in der die Szene spielt, von der der Text spricht.

Auch in dieser Komposition steht die Begegnung zwischen einer helleren und einer dunkleren Kreisscheibe im Zentrum, nur dass hier die helle, die silberne an Strahlkraft und Umfang die dunklere übertrifft.

Die Textur in schwärzlichem Blau-Violett geht hier auch von der dunkleren Scheibe aus, wird von ihr in das Bild hineingetragen. Diese Buchstaben im Silberfeld sind so brutal deutlich, dass sie entzifferbar werden, entgegen dem Modus der ganzen bisherigen Bilderserie.

Ist hier nicht – wie der Text es beschreibt – ein Geheimnis mutwillig enthüllt?

Von der dunkleren überdeckt, überschattet, bleibt die hellere Scheibe nur stückweise frei; sie bleibt zugleich unbeschriftet und nur durch einige schwungvolle handschriftliche Zeichen als persönlichster Raum der Frau gekennzeichnet. Wo Renate Gier diese freien Zeichen setzt, meint sie den intimsten Raum.

Vergessen wir nicht, dass der Lichtkreis für sie, wie sie immer wieder betont, vor allen anderen Bedeutungen das Symbol des innersten Selbst ist. Es ist also das Selbst dieser Liebenden, die auf ihrer Suche nach dem Freund, die sie mitten durch die Nacht führt, von irgendwelchen Gesetzeshütern brutal aufgegriffen, misshandelt und ihres Geheimnisses beraubt wird.

Die Künstlerin ordnet dem Bild die Klage der Sulamith zu, die ihren Geliebten nachts in der Stadt sucht: »Die Wächter auf der Mauer nahmen mir meinen Überwurf.« Es wird hier also etwas weggezogen und lässt damit Dunkleres zu.

Hier fehlt der Komposition der umgebende große Kreis, stattdessen erscheint als anordnendes Kompositionsmuster eine Schleife, Ausdruck einer Suche nach dem Weg oder auch die Gestik einer Einfangbewegung.

Zum ersten Mal fehlt in der Begegnung der Liebenden, hier vor allem der Frau, der bisher alles umfassende und umgebende Schutzkreis, ihr Schleier gleichsam. Ein dunkler, grau-bräunlicher Bild-Grund, von weiß geschriebenen Texten durchzogen, trägt nicht genügend, er ist eher dabei zurückzuweichen. Stattdessen erscheinen, den beiden Kreisen vorgelagert, sehr große, aggressiv geschwungene rote Buchstabenformen, die fast an Blutadern erinnern oder gar an blutige Schläge: »Sie schlugen mich wund.«

Sie können Sulamiths Erregung ausdrücken, ihren Zorn und ihre Empörung darüber, dass sie geschlagen, dass ihr der Schleier genommen wird. Es kann sich zugleich auch um die Aggression der Sittenwächter handeln, die sich in diesen roten Signaturen ausdrückt. Auch geraten diese ausgesprochen sperrigen, eckigen Formen fast wie zu Gittern, hinter denen diese Wächter die Liebenden vielleicht am liebsten wegsperren möchten.

Diese sehr vitale, auch aggressive Textur legt sich dominierend über die betont zarte Komposition der übereinander liegenden, einander durchdringenden Kreise, die hier in einer violetten Aura schweben, als hätte der Mond einen Hof.

Die Mondformen, die bei der Begegnung der Kreise unwillkürlich entstehen, liegen sich hier wie ein dunkler abnehmender einem silbern zunehmenden Mond gegenüber. Zwischen beiden ist viel Textur, und so deuten sie ein zartes, hier vielleicht bedrohtes Buchstabieren der Liebe an, während von außen her etwas Aggressives vordringt.

KOMPOSITION 10   90 × 90 CM

*Lege mich wie ein Siegel auf dein Herz,
wie ein Siegel auf deinen Arm.
Denn Liebe ist stark wie der Tod
und Leidenschaft unwiderstehlich
wie das Totenreich.
Ihre Glut ist feurig
und eine Flamme des HERRN. (8,6)*

ÜBERSETZUNG VON LUTHER

Die Komposition 10 wurde ausdrücklich zu der Textzeile: »Denn Liebe ist stark wie der Tod« gestaltet. Der Zusammenhang zwischen Text und Komposition ist hier direkt und in besonderer Weise relevant.

Die Aussage dieses Textes ist zudem die entscheidende Aussage des Hohenliedes überhaupt.

Die Strahlkraft der Liebe ist in dem unzerstörbar schimmernden Silberkreis ausgedrückt, der den zentralen Blickpunkt der Komposition bildet: Symbol für das Selbst des liebenden Menschen.

Indem dieser Kreis hier alles überstrahlt, auch die dunklen Lettern des Todes, bezeugt er, dass es eine tiefere Klarheit gibt, die auch das Faktum Tod annimmt und einbezieht – so wie die Schatten in den silbernen Kreis einbezogen werden. Der silberne ist von einem weiteren Kreis, in hellem Grau, umgeben, der an einen »Hof« des Mondes denken lässt, in den hinein die Schwingungen des Zentrums weiter wirken – so wie das, was von einer Liebesbeziehung ausstrahlt, sie auch selbst trägt und auf sie zurückwirkt.

Das Grau des Hofes entsteht dadurch, dass hier, wo kein Silber unterlegt ist, der Untergrund direkt durchscheint.

Etwas nach rechts gerückt tritt hier an einem erhöhten Ort des Quadrat-Formates der Kreis ins Bild, und ist dadurch nur umso bedeutsamer und leuchtender hervorgehoben. Er steht über einem schleierartigen Texturfeld, das aus sehr klein gestalteten Buchstaben gewoben ist.

Der zentrale Silberkreis ist hier auch mit Buchstaben der hebräischen Schrift gefüllt, der Ursprache des Hohenliedes, seiner Muttersprache also, dessen Textur dadurch etwas Authentisches erhält.

In hellem Rot leuchten die hebräischen Lettern, z.B. ein Lamed, ein Kof, ein Resch, aus dem Silberfeld hervor.

Nur rechts oben auf der Silbersichel stehen die hebräischen Buchstaben direkt auf Silbergrund. Die übrigen finden sich auf dem zarten, roséfarbenen Netz einer Textur, die einer weiteren Mond- bzw. Kreisfigur zugehört, die sich leise von unten her über die silberne schiebt. Auch hier geschieht wieder zarte Begegnung zweier Lebenskreise, Berührung.

Im Umfeld sind die Kreis-Formationen von großen bewegten lateinischen Buchstaben umgeben, eher Vorformen von Buchstaben, die so elementaren Formelementen wie Dreiecken, Kreisen, Kreuzen und Bogenformen ähneln, die, im Wechsel, aus dem Rot der Leidenschaft und aus dem schweren Dunkel-Violett der Bedrängnis bestehen, den Farben, die schließlich auch das Sterben ausdrücken können: »Liebe ist stark wie der Tod«, sagt der Text, nicht mehr, nicht weniger. Nicht stärker, aber gleich stark wie der Tod ist die Liebe, sie hält dem Tod stand: »Das gibt der Liebe ihren Ernst, ihr Gewicht. Nichts erschüttert so tief das menschliche Herz wie die Liebe – nur der Tod« (Renate Gier).

Unzerstörbar leuchtet mitten aus dem Ringen der beiden Mächte heraus der nicht löschbare Silberkreis der Liebe, der Ganzheit, die auch größte Gegensätze verbindet.

Das Rosé der Zärtlichkeit schimmert überall zwischen den Schatten hindurch, auch im inneren Kreis, in dem Wissen, dass das Innerste einer Liebesbeziehung bestehen bleibt und den Tod überdauert – in der Trauer und in der Erinnerung der Liebenden, wo es immer wieder Gegenwart werden kann.

KOMPOSITION 11   180 × 180 CM

Ich bin hinabgegangen in den Nussgarten,
zu schauen die Knospen im Tal,
zu schauen, ob der Weinstock sprosst,
ob die Granatbäume blühen.
Ohne dass ich's merke,
trieb mich mein Verlangen
zu der Tochter eines Fürsten. (6,11)

ÜBERSETZUNG VON LUTHER

Das Stichwort für diese Komposition ist das Gefährt, in bildnerischer Sprache ist es das Rund der Räder in ihrem Zusammenspiel. Die verschiedenfarbenen Kreise sind wie ein Räderwerk, das ineinander greift – es versetzt die Liebenden jeweils ins Gefährt des Geliebten, es kommt etwas ins Rollen.

Komposition 11 ist zur Zeit meines letzten Besuchs im Atelier von Renate Gier deren liebstes Bild. Dies wegen seiner Vielfarbigkeit und Frische. Hier kommt Blau ins Spiel. Wegen seiner belebenden und kühlenden Transparenz kann es eine Wohltat sein nach den Texturen in fast schmerzendem Zinnoberrot, die einige der Bilder beherrschen und die in den früheren Bildern auch für die Schmerzen vergeblich suchender Liebe standen.

Es ist eines der großformatigen Bilder (180 × 180 cm), auch die verhältnismäßig großen Buchstaben wirken wie Fanfarenstöße beim Neueinsatz der Farbmusik. Als Begleittext zu der Komposition wählt Renate Gier die Verse 11 bis 12 aus dem 6. Kapitel des Hohenliedes, wo die Liebende davon spricht, wie sie in ihren »Nussgarten« hinabsteige, um zu sehen, ob die Bäume ausschlagen, ob die Rebe treibt, da die Zeit dafür gekommen ist. Sinngemäß erscheint hier auch die Farbe Grün erstmals im Bild.

Die verschiedenen kreisförmigen Buchstabengebilde, sieben im Ganzen, die sich bei genauerem Betrachten des Bildes erkennen lassen – links unten im Vordergrund z.B. ein Gebilde in Zinnoberrot –, sind für die Künstlerin zugleich die Räder eines Liebesgefährts, von dem sie sich auf einmal ergriffen und entführt fühlt. Die kreisrunden farblichen Gestaltungen sind also Räder, die ineinander greifen und damit die Reise der Liebenden miteinander und zueinander ins Rollen bringen. Rechts neben dem zinnoberroten Rad, etwas oberhalb von ihm, dreht sich ein orangerotes, darüber eines in Magenta, während beide zugleich auch in das zinnoberrote hineingreifen. Vom rechten Bildrand her dringt ein blaues Radgebilde ins Bild ein, dem ein freischwebendes in zartem Gelb korrespondiert, das hier fast wie eine kleine Sonne wirkt: Da das Gelb hier über dem Silber zu liegen kommt, entsteht an dieser Stelle des Bildes Gold.

Alle fünf dieser runden Buchstabengebilde berühren zudem den zentralen weiten Silberkreis, der hier die Ganzheit umschreibt, in die die Begegnung der Liebenden einmündet, in der alle Räder ineinander greifen und das Gefährt, auf dem sie zusammen fahren, in Bewegung halten. Von der Einzelnen, der Liebenden her gesehen, ist es das Selbst – im Symbol des Runden Ganzen dargestellt –, in das alle vielfarbigen Facetten ihres Wesens und ihrer Begegnungsfähigkeit einmünden – oder auch umgekehrt: aus dem diese hervorgehen und das sie zusammenhält.

Das Blau, das innerhalb der Serie, die auf Rot und Silber basiert, bei diesem Bild neu erscheint, bedeutet für die Künstlerin eine belebende Farbe, die den kühlenden Nachtwind und die Tautropfen andeuten kann, von denen der Geliebte spricht – dazu ist es ihr eine Farbe des Vertrauens, der nachhaltigen Liebe, die durch Nacht und Not durchgetragen, bewährt und bewahrheitet wurde.

»Die Liebe ist rot«, sagt die Künstlerin, »aber es gibt auch eine Art von blauer Liebe.« Sie kann etwas von der Transzendenz und Tiefe der Himmels- und Meeresfarbe gewinnen.

Auf der Abbildung nicht so gut erkennbar, wohl aber deutlich im Original, erscheint noch eine weitere neue Farbe, sowohl in der Ecke rechts oben als auch in der gegenüberliegenden links unten: Es ist das erwähnte Grün, zart und zurückhaltend, aber doch die Farbe der sprießenden Knospen, die Farbe der Hoffnung.

Der Reichtum an Farben, die Lebensfülle, die vielfältigen Begegnungsnuancen der ineinander greifenden Räder, womit auch diejenigen der Liebenden selbst gemeint sind – das wirkt hier zusammen. Nach der schmerzhaften Suchbewegung, die sich in den vorangegangenen Bildern spiegelte, kommt in diesem frühlingshaften Bild die Freude des Findens auf. Renate Gier gibt ihm zuletzt den Text in der Übersetzung Martin Bubers bei:

Zu meinem Nußgarten stieg ich hinab,
die Triebe im Tal zu besehn,
zu sehn, ob die Rebe treibt,
ob die Granaten erblühn,
da – ich kenne meine Seele nicht mehr –
versetzt michs ins Gefährt
meines Gesellen, des edlen. (6,11–12)

ÜBERSETZUNG VON BUBER

KOMPOSITION 12   100 × 100 CM

*Auf meiner Ruhestatt
in den Nächten
suche ich ihn,
den meine Seele liebt,
suche ich ihn
und finde ihn nicht.
Aufmachen will ich mich doch
und die Stadt durchziehn,
über die Plätze, über die Gassen,
suchen, den meine Seele liebt!
Ich suchte ihn
und ich fand ihn nicht. (3,1–2)*

ÜBERSETZUNG VON BUBER

Wieder bestimmt Blau den Gestaltungsprozess des neuen Bildes. Wieder ein Blau, dieses Mal ein durchsichtiges, das für die wohltuende Kühle der Nacht stehen kann, für die Tautropfen, für die Treue der Frau zu ihrem Geliebten und letztlich auch für den Bezug dieser Liebe zur Transzendenz. Transzendenz erscheint oft in Blau, der Farbe des Himmels und des Meeres. Dunklere und lichtere blaue Buchstabenfragmente sind es, die sich mit den roten überschneiden und die in dem lichten Rund, neben den goldgelben Tönen, besonders klar und fast durchscheinend aufleuchten. Indem es zu Gold wird gewinnt das Gelb, das über das Silber gelegt ist, eine besondere Qualität.

Blau kann natürlich auch die Farbe für die Nacht sein, in der die sehnsüchtig Liebende aufbricht, den zu suchen, den ihre Seele liebt.

Diese Komposition, die unseren Blick von dem Grau des Umfeldes in das Licht-Helle des Kreises führt, habe auch etwas von einem »Blick ins Schlüsselloch«, so bemerkt die Künstlerin. Zugleich habe die milchweiße Scheibe, in denen goldgelbe Lichter schimmern, auch etwas vom Mond, der sich durchscheinend hinter dem Text von der sehnenden Liebe erhebt:

*Ich suchte ihn
und ich fand ihn nicht. (3,2b).*

ÜBERSETZUNG VON BUBER

KOMPOSITION 13   120 × 120 CM

*Geht heran,
seht herzu,
Töchter Zions,
auf den König Schlomo in der Krone,
damit seine Mutter ihn krönte
am Tag seiner Vermählung,
am Tag seiner Herzensfreude. (3,11)*

ÜBERSETZUNG VON BUBER

Ein Bild von der Transzendenz der Liebe sei dies, so Renate Gier. Der lichte Kreis, immer ein Symbol des Runden Ganzen, des Selbst, ist hier klar beschrieben mit den »Texturen der Liebe«, hier wieder in hebräischen Buchstaben, der Muttersprache des Hohenliedes. In den oberen Zeilen läuft das hebräische Schriftband auch in Spiegelschrift. In Purpur sind sie auf die goldgelben Bahnen gesetzt, die den Kreis wie in parallelen Notenlinien durchziehen und auf denen im Original immer wieder goldene Lichter aufblitzen, wie sie Gelb auf Silber entstehen lässt. Schmale Parallel-Bahnen in zartem Rot unterstreichen die gelben noch.

Groß und hell, viel heller noch im Original, und in goldgelbem Licht leuchtend, schwebt der Kreis des Selbst im Bildraum, zur rechten Seite hin leicht nach oben gerückt. Es sei einem ja immer einen Schritt voraus, das Selbst, so Renate Gier zu dieser Position des Kreises.

Er ist von einem noch größeren Kreis in Hellgrau umfangen, wie von einer Aura der Ausstrahlung, in dem die Buchstaben, nun wieder die lateinischen der Weltsprache, die Liebe nun in Blau buchstabieren, der Farbe, wie schon gesagt, beständiger Liebe, bewährter Liebe, der Treue.

Doch schwebt der lichte Kreis nicht nur in dem dunkleren, sondern er ist zugleich getragen von einem durchsichtigen Quadrat, das von den über den Kreis hinausgehenden Schrift- und Farbbändern sehr zart umrissen wird.

Das Quadrat gibt Struktur, Halt, gibt Konturen und Kanten und verhindert ein allzu weiches Ineinandergleiten der Formen, was der Widerständigkeit, ja Härte, die auch zur Wirklichkeit der Liebe gehören, nicht gerecht würde. Zugleich verweist die Symbolik des Quadrats auf das »irdische Geviert« (Heidegger), das Verwirklichungsfeld des Alltags, in das die kosmische Form des Kreises eingebettet und eingefasst ist. Wie die Liebe als transzendente Macht in die Realität der irdischen Welt, so ist auch unsere seelische Ganzheit in die begrenzten Verwirklichungsmöglichkeiten des täglichen Lebens eingespannt. Das Quadrat, als das »irdische Geviert«, liegt wie durchsichtig über dem lichten Kreis und lässt ihn durch sich hindurchscheinen.

Das könnte auch bedeuten, dass eine mögliche größere Ganzheit, die Liebe selbst, immer dem zugrunde liegt, was sich an Liebe auf Erden verwirklichen lässt. Der Kreis samt seiner Aura und dem Quadrat liegen zudem in einem noch dunkleren, einem indigofarbenen Raum, in dem sich die Buchstaben in den freien handschriftlichen Zeichen von Renate Gier in Rundungen, Girlanden und Schwünge auflösen.

Der Kreis, auch als ein Rund mit Querbahnen aufzufassen, hat auch etwas von einer Krone an sich, der Krone, mit der der geliebte Mann als ihr »Herzenskönig« am Tag seiner Hochzeit gekrönt wird – von seiner Mutter übrigens, als der Frau, die ihn geboren und die ihn als Erste Liebe erfahren ließ, wie der beigegebene Text des Hohenliedes sagt. Die »Töchter Zions« werden hier als Zeuginnen herbeigerufen, dafür, dass dieser Mann »in der Krone« steht:

*Geht heran,
seht herzu,
Töchter Zions,
auf den König Schlomo in der Krone …*

ÜBERSETZUNG VON BUBER

Zusammenfassung: Ein Schlüssel zum Betrachten und Verstehen der Bilder

Renate Giers Zyklus von dreizehn Wachscollagen setzt sich, wie wir sahen, aus bestimmten Gestaltungselementen und -prinzipien zusammen, die ihnen allen gemeinsam sind:

Es ist zunächst das quadratische Format, das zwar aus unterschiedlichen Größen von 90 × 90 cm bis 180 × 180 cm besteht, aber immer ein Quadrat bleibt, eine ausgewogene Bildfläche also, von gleicher Länge und Breite, die eine ausgesprochene Tendenz zur Zentrierung hat.

Für C.G. Jung ist das Quadrat unter tiefenpsychologischer Perspektive – wenn es z.B. als quadratischer Grundriss eines Raumes oder Platzes im Traum erscheint –, das ausdrückliche Verwirklichungsfeld des wahren Selbst eines Menschen: Was auf quadratischem Feld geschieht, gehört zu dessen zentraler Selbstwerdung.

Das Quadrat vermag einen Kreis zu umfassen und zu umschließen, so dass der schwebende Kreis durch das Quadrat geortet und gehalten ist.

Der Kreis wiederum, durch Blattsilber zum Leuchten gebracht, ist das nächste Bildelement, das in keiner der Kompositionen fehlt: Für Renate Gier ist er, wie sie schreibt, primär ein Symbol der potentiellen Ganzheit der Person, des Selbst.

Als solcher wird der Kreis berührt von der Sprache der Liebe, vibriert in ihr, wenn ihm die Texte und Koloraturen, die Worte, die Farben der Liebe eingeprägt werden. So steht er auch für das runde Ganze der Liebe, die das Selbst erfüllen kann.

Der Kreis kann für das Runde Ganze überhaupt stehen: für alle Utopien der Ganzheit, der Liebesbeziehung, aber auch für das Leben selbst, ja, er kann als Bild des Umfassend-Unendlichen ein Gottessymbol sein. Das Runde als Symbol Gottes und der Unendlichkeit wurde in der mittelalterlichen Malerei dem Quadrat als dem Feld der Endlichkeit gegenübergestellt.

Als Rundes Ganzes ist der Kreis auch Symbol für die Gestirne – z.B. für den »Glutball der Sonne«, für den Mond –, die im Hohenlied das Antlitz und die Schönheit der Geliebten und des Liebenden beschreiben. Auch ist er damit Sinnbild für die schimmernde, kosmische, überpersönliche Macht der Liebe selbst. Sonne und Mond waren in den frühen Kulturen Ägyptens und Mesopotamiens, denen auch Lieder des Hohenliedes entstammen, zugleich kosmische Mächte, ja Gottheiten.

Der Kreis wird, wie wir sahen, in jeder der Kompositionen an eine bestimmte Stelle innerhalb des vorgegebenen Quadratfeldes gesetzt: entweder zentral in die Mitte und stellt dann das natürliche Zentrum des Bildes dar, ruht dann gleichsam im Bildquadrat, oder er wird etwas über die Basisachse emporgehoben, schwebt dann oder steigt auf, wie Mond und Sonne aufsteigen können, und tritt damit noch voller ins Licht .

Häufig ist der Kreis etwas über die vertikale Mittelachse erhoben und nach rechts hin verschoben, somit etwas mehr nach der Zukunftsrichtung hin orientiert, in die wir auch unsere Schrift schreiben. Damit könnte angedeutet sein, dass das wahre Selbst, das mobile Selbst, das der Kreis ja auch symbolisiert, unserer bewussten Linie, unserem bewussten Standpunkt immer etwas voraus ist.

Indem der Kreis beim Komponieren im Bildraum bewegt wird, so dass z.B. zwei Kreise übereinander und ineinander geschoben werden und einander überlappen – wie es symbolisch auch in der liebenden Begegnung geschieht (in jedem der Partner selbst, aber auch miteinander) –, entstehen Sichelformen, die, auch wenn sie ursprünglich von Renate Gier gar nicht so gemeint sind, unwillkürlich an die Gestalt der Mondsichel denken lassen, die in der zunehmenden und auch in der abnehmenden Form in Erscheinung treten kann. Da liegt die Assoziation an Mondphasen nahe und damit wiederum an Phasen und Gezeiten der Liebe, die zunehmend und abnehmend sein können.

Ein drittes Gestaltungselement, allen Kompositionen eigen, das ihre Besonderheit ausmacht und vielleicht zunächst etwas überrascht, ist das Element der Schrift, der Buchstaben, der Buchstabenbänder und -ketten. Sie sind hier nicht als lesbare Schrift gedacht und als solche eingebracht, sondern ausdrücklich als Gestaltungselement, als Textur. Die Blockbuchstaben, ob lateinisch oder manchmal auch hebräisch, geben der Komposition Struktur, ob sie nun einzeln stehen oder auch als Buchstabenbänder in unterschiedlichen Größen und Richtungsverläufen vorkommen. Sie tragen oder schieben oder umspielen die mehr schwebenden Elemente, wie es Kreise oder Bögen sind.

Wo statt der vorgeformten Blockbuchstaben freie handschriftliche Schwünge, Bögen oder Schnörkel erscheinen, lassen sie sich als individuelle, persönliche Gestaltungen der Künstlerin erkennen, die den entsprechenden Raum als intimen charakterisieren wollen. Liebe spricht einerseits immer im überpersönlichen, archetypischen Rahmen, dem die überlieferten Buchstaben und Texte entsprechen, äußert sich aber auch im allerpersönlichsten Raum, wird in der Handschrift der Künstlerin immer neu buchstabiert.

Nichts anderes möchte auch ich mit meinen Interpretationsversuchen tun. Wie eine jede Sinndeutung ist auch die meine subjektiv. Ich spreche beim Beschreiben der Bilder von dem, was mich anrührt, und bemühe mich dabei sorgfältig, es von dem Gestalteten selbst herzuleiten und es von dort her zu belegen.

Die Buchstaben und Buchstabenfelder geben den Kompositionen zugleich Kontext, stellen sie in lesbare Bezüge, auch wenn hier nicht – wie Paramentik es täte – bestimmte Texte des Hohenliedes gestaltet und damit verkündet werden sollen. Sie sind offener, weiträumiger zu verstehen. Gleichwohl beziehen sie sich auf einen Text, ein Buch der Bibel, auf das Hohelied als Ganzes.

Renate Gier meditiert hier, wie sie es oben beschrieben hat, die Texte des Hohenliedes, während sie schreibend malt, malend schreibt, nicht buchstabengetreu, sondern vielmehr die Sprache der Liebe neu buchstabierend. So lässt sich die jeweilige Komposition nicht streng und vollständig auf die dazu ausgewählte Liedzeile beziehen, wohl aber intuitiv und partiell.

In diesem Sinne versuche auch ich bei der Betrachtung der Kompositionen vorzugehen und deren bildnerische Ausdruckssprache auf die von Renate Gier beigegebenen Texte assoziativ zu beziehen. Die Verbindung zwischen Bild und Text ist hier als Annäherung zu verstehen, will die schöpferische Phantasie der Betrachterinnen und Betrachter anregen und damit sie selbst zum Buchstabieren der Liebe gewinnen.

Als weiteres Gestaltungs- und Ausdrucksmittel, das allen Kompositionen eigen ist und ihnen ihre einzigartige Atmosphäre verleiht, muss die Farbe genannt werden. Es ist, wie schon betont, das Zusammenspiel von Rot und Silber, das alle Kompositionen prägt. Später kommen Blautöne hinzu – so wie sich im lebendigen Feuer auch die Blautöne zeigen. Zuletzt erscheinen auch Grün und sogar Gold.

In erster Linie aber lässt Rot, von Feuerrot über Blutrot bis zu Purpur und Magenta die Skala der warmen bis leidenschaftlichen Emotionen aufklingen, die zur starken Liebe gehören, von tief-ernsten bis zu festlich-fröhlichen. Es evoziert die aktive, die quasi männliche Seite der Liebe, auch wenn sie von der Frau nicht weniger heiß erlebt und gelebt werden kann.

Rot bildet den Vordergrund der Kompositionen, bildet vielfach auch die Farbe des Texturengewebes. Doch im Grund einer jeden dieser Kompositionen, aus ihrer Tiefe heraus, schimmert der Kreis, kostbar wie das Blattsilber, aus dem er substantiell besteht. Silber wird oft mit dem Mondlicht assoziiert, einem beseelten Licht, dessen geheimnisvoller Schimmer die Konturen zerfließen lässt und eine einheitliche, besondere Atmosphäre schafft, die alles miteinander verbindet. Das Silber wird symbolisch mit dem Weiblichen verbunden, auch wenn sein Gefühlswert vom Mann genau so stark empfunden und als magische Anziehungskraft erlebt werden kann.

Auf der gegenseitigen Anziehung von Rot und Silber beruht die Liebe zwischen den Geschlechtern, die Anziehung zwischen dem männlichen und dem weiblichen Prinzip, die in jedem einzelnen Menschen selbst, ob Frau oder Mann als Verbindung gegenpoliger Kräfte wirkt und erlebt werden kann.

Aus den genannten vier Gestaltungselementen, ihrem Ausdruck und ihrer Symbolik setzen sich also alle Kompositionen in Renate Giers Zyklus zum Hohenlied zusammen:
- aus der sich wandelnden Farbigkeit, ausgehend von den Farbqualitäten Silber und Rot,
- aus den Texturen und deren Ausdruckswert,
- aus dem Kreissymbol und dessen Ausdruckswert,
- aus dem quadratischen Format und dem Ausdruckswert des quadratischen Feldes.

Gemeinsam ist ihnen zugleich, dass sie sich alle der künstlerischen Technik der Wachscollage verdanken, deren Möglichkeiten sie ausschöpfen und verkörpern. Die besondere Ausdruckskraft der Wachscollagen besteht in ihrer Mehrdimensionalität, die auf der Wirkung mehrerer Schichten aus hauchdünnem Japanpapier beruht, die, füreinander durchscheinend, durch flüssiges Wachs verbunden sind, so dass sie die Qualität einer lebendigen Haut gewinnen, in welche die Lettern der Liebe eingeprägt und eingewoben sind. Dies vor allem sind Renate Giers Wachscollagen zum Hohenlied: lebendige Haut, beschrieben mit dem vielfarbigen Alphabet der Liebe.

NACHBEMERKUNGEN ZU DEN REPRODUKTIONEN

Im Vergleich zu den Originalen liegen uns für die Beschreibung stark veränderte Reproduktionen vor, schon durch die technischen Bedingungen der Fotografie, erst recht durch die Einschränkungen der gewählten Mehrfarben-Drucktechnik: Da werden z.B. die Farbtönungen verändert; vor allem das Blattsilber und das durch Gelb auf Silber erscheinende Gold können als Schimmer der Farbmaterien überhaupt nicht wiedergegeben werden.

Zudem findet im Buch eine erhebliche Verkleinerung der Originalformate statt, die ursprünglich z.B. 180 × 180 cm betrugen, wie bei den Kompositionen 6, 9, 11 und jetzt auf die Größe 21 × 21 cm schrumpfen; außerdem sind im Buch sämtliche Bilder in gleicher Größe wiedergegeben, während sie als Originale von 90 × 90 cm (so Komposition 10) bis 180 × 180 cm verschiedene Formate hatten. Diese Vereinheitlichung verändert den Eindruck bei der Betrachterin, beim Betrachter, und damit auch das Ausdrucksvermögen des Bildes selbst; Ähnliches bewirkt die erhebliche Verkleinerung des Bildformats: Die Bilder, die im Original großformatige Texturen, gleichsam Wandbehänge darstellen, werden im Buchformat als Miniaturen wahrgenommen, werden in Buchmalerei verwandelt, wie wir sie aus den altehrwürdigen Folianten heiliger Bücher kennen. Dadurch erfahren die großformatigen Bildtexte von Renate Gier eine Verwandlung quasi in Buchmalerei, in Miniatur, womit ein neuer Kontext und auch eine neue sinnliche Erfahrung nicht ohne Reiz verknüpft ist. So können sie auch in neuer freier Weise auf die Textstellen des Hohenliedes rückbezogen oder auch vorausbezogen werden, die ihnen von Renate Gier beigegeben sind.

Auch das Material, mit dem Renate Gier arbeitet – feinstes Japanpapier, unterlegtes Blattsilber –, und die Art und Weise künstlerischer Verarbeitung, nämlich in Wachscollagen, kann bei der Reproduktion im Druck nicht wiedergegeben werden. Mehrere Schichten des feinen Papiers wurden abschließend durch flüssiges Wachs verbunden, so, wie aus dünnen miteinander verbundenen Hautschichten Pergament entsteht. Es geht hier also um hautnahen, körpernahen Ausdruck. Materialgerecht sind ihre Arbeiten also in den Reproduktionen im Buch nicht genau wiederzugeben, werden aber der Bildidee und -gestalt durchaus gerecht.

ANMERKUNGEN

1 Die Schrift. Verdeutscht von Martin Buber gemeinsam mit Franz Rosenzweig. Mit Bildern von Marc Chagall. Mit CD. Gütersloher Verlagshaus, Gütersloh 2007, S. 929.
2 Haag, Herbert / Katharina Elliger (Hg.): »Wenn er mich doch küsste ...«. Das Hohelied der Liebe. Übers. und erklärt von Herbert Haag und Katharina Elliger. Mit Bildern von Marc Chagall. Patmos, Düsseldorf 2008, S. 12.
3 Mischna, Traktat Jadajim, Kap. II § 14 und Kap. III § 6.
4 Vgl. Schmökel, Hartmut: Heilige Hochzeit und Hoheslied. Steiner, Wiesbaden 1956.
5 Vgl. Schott, Siegfried: Altägyptische Liebeslieder. Mit Märchen und Liebesgeschichten. Artemis, Zürich 1950; Heumann, Alfred: Altägyptische Liebesdichtung. Wiesbaden 1959; Keel, Othmar: Das Hohelied. Zürcher Bibelkommentare 19. 2. Aufl. Theologischer Verlag, Zürich 1992; Fox, Michael V.: The Song of Songs and the Ancient Egyptian Love. Univ. of Wisconsin, Madison 1985.
6 Vgl. Haag /Elliger, Wenn er mich doch küsste, S. 17.
7 Die Schrift, S. 929.
8 Zitiert bei Haag /Elliger, Wenn er mich doch küsste, S. 16.
9 Vgl. Kaiser, Otto: Einleitung in das Alte Testament. Gütersloh 1970, 2. Aufl., S. 286.
10 Vgl. Dornseiff, Franz: Ägyptische Liebeslieder, Hoheslied, Sappho, Theokrit. In: Kleine Schriften. Bd. 1: Antike und Alter Orient. VOB Koehler & Amelang, Leipzig 1956, S. 189–202.
11 Vgl. zum Ganzen: Horst, Friedrich: Die Formen des althebräischen Liebesliedes. In: Hans Walter Wolff (Hg.): Gottes Recht. Gesammelte Studien zum Recht im Alten Testament. Kaiser, München 1961, S. 176–187. Dazu auch: Baildam, John D.: Paradisal Love. Johann Gottfried Herder and the Song of Songs. Sheffield Academic Press, Sheffield 1999. Vgl. Auch: Zakovivh, Yair: Das Hohelied.

11 Herders theologischer Kommentar zum Alten Testament. Herder, Freiburg im Breisgau 2004, S. 40ff.; 73 ff.; speziell S. 87–90.
12 Rosenzweig, Franz: Stern der Erlösung. Frankfurt 1988, S. 222.
13 Bonhoeffer, Dietrich: Widerstand und Ergebung. Briefe und Aufzeichnungen aus der Haft. Hg. von Christian Gremmels. Gesammelte Werke Bd. 8. Kaiser, Gütersloh 1998, S. 164.
14 Vgl. Schmökel, Hartmut: Heilige Hochzeit und Hoheslied. Steiner, Wiesbaden 1965, S. 122, wo Schmökel den Mythos von der Hl. Hochzeit über das Hohelied sogar in die Passahliturgie des Judentums eingedrungen und dort, wenn auch verdeckt, bis heute erhalten sieht. Dazu auch: Wöller, Hildegunde: Das Hohelied. Eros in der Bibel. In: Christiane Neuen / Ingrid Riedel / Hans-Georg Wiedemann (Hg.): Sinne – Sinnlichkeit – Sinn. Zur therapeutischen Relevanz der Sinne. Patmos, Düsseldorf 2007, S. 113–130; zu Schmökel vor allem: S. 115–118; 120f. Weitere Quellen zum Thema: Kramer, Samuel Noah: Cuneiform Studies and the History of Literature: The Sumerian Sacred Marriage Texts. In: Proceedings of the American Philosophical Society 107/6, Cuneiform Studies and the History of Civilization, 1963, S. 489; Weinfeld, Moshe: Feminine Features in the Imagery of God in Israel: The Sacred Marriage and the Sacred Tree. Vetus Testamentum 46/4, S. 525.
15 Kast, Verena: Paare. Wie Phantasien unsere Liebesbeziehungen spiegeln. Neuausgabe. Kreuz, Stuttgart 2009, S. 181.
16 So der Untertitel der ersten Auflage 1984.
17 Vgl. ebd., S. 181ff.
18 Ebd., S. 181.
19 Ebd., S. 184.
20 Ebd.
21 Ebd., S. 177.
22 Vgl. Vielhauer, Inge: Bruder und Schwester. Untersuchungen und Betrachtungen zu einem Urmotiv zwischenmenschlicher Beziehung. Bouvier, Bonn 1979, S. 57–59.
23 Zitiert in: Kast, Paare, S. 176.
24 Ebd., S.186.
25 Ebd. Zur feministischen Interpretation des Hohenliedes vgl. auch: Brenner, Athalya: Das Hohelied. Polyphonie der Liebe. In : Luise Schottroff / Marie-Theres Wacker (Hg.): Kompendium feministische Bibelauslegung. Gütersloher Verlagshaus, Gütersloh 1999, S. 233–245; dazu auch: Brenner, Athalya / Fontaine, Carole R. (Hg.): The Song of Songs. A Feminist Companion to the Bible. Academic Press, Sheffield 2000.
26 Vgl. Haag /Elliger, Wenn er mich doch küsste, S. 9.
27 Aus dem unveröffentlichen Manuskript zum Hohenlied von Brigitte Fuhrmann. Nach ihrem Tod im Mai 2013 wiedergegeben mir Erlaubnis ihres Sohnes Thomas Fuhrmann.
28 Goethe, Johann Wolfgang von: Farbenlehre. Bd. 1: Entwurf einer Farbenlehre. Hg. von Gerhard Ott / Heinrich O. Proskauer. 6. Aufl. Verlag Freies Geistesleben, Stuttgart 1997, S. 282.
29 Bachmann, Ingeborg: Lieder auf der Flucht, VII. In: Dies.: Werke. Bd. 1: Gedichte/Hörspiele/Libretti/Übersetzungen. Hg. von Christine Koschel / Inge von Weidenbaum / Clemens Münster. 3. Aufl. Piper, München/Zürich 1984, S. 142.
30 Haag/Elliger, Wenn er mich doch küsste, S. 41.
31 Ebd., S. 41; 63.
32 Ebd., S. 41.
33 Haag/Elliger, Wenn er mich doch küsste, S. 65.
34 Vgl. Gollwitzer, Helmut: Das Hohe Lied der Liebe. 8. Aufl. Kaiser, München 1991, S. 25.
35 Vgl. Haag/Elliger, Wenn er mich doch küsste, S. 60.
36 Vgl. Schreiner, Stefan: Das Hohe Lied. Aus dem Hebräischen übersetzt und herausgegeben. Verlag der Weltreligionen im Insel Verlag, Frankfurt am Main / Leipzig 2007, S. 50.
37 In der Formulierung: »Religion ist der Zustand, von etwas Unbedingtem ergriffen zu sein.« In: Tillich, Paul: Impressionen und Reflexionen. Gesammelte Werke XIII. Evangelische Verlagsanstalt, Stuttgart 1971, S. 449.
38 So u.a. auch Herbert Haag, vgl. Haag/Elliger, Wenn er mich doch küsste, S. 16.

LITERATUR

Bachmann, Ingeborg: Lieder auf der Flucht, VII. In: Dies.: Werke. Bd. 1: Gedichte/Hörspiele/Libretti/Übersetzungen. Hg. von Christine Koschel / Inge von Weidenbaum / Clemens Münster. 3. Aufl. Piper, München/Zürich 1984, S. 142.
Baildam, John D.: Paradisal Love.

Johann Gottfried Herder and the Song of Songs. Sheffield Academic Press, Sheffield 1999.

Bonhoeffer, Dietrich: Widerstand und Ergebung. Briefe und Aufzeichnungen aus der Haft. Hg. von Christian Gremmels. Gesammelte Werke Bd. 8. Kaiser, Gütersloh 1998.

Brenner, Athalya: Das Hohelied. Polyphonie der Liebe. In: Luise Schottroff / Marie-Theres Wacker (Hg.): Kompendium feministische Bibelauslegung. Gütersloher Verlagshaus, Gütersloh 1999, S. 233–245.

Brenner, Athalya / Fontaine, Carole R. (Hg.): The Song of Songs. A Feminist Companion to the Bible. Academic Press, Sheffield 2000.

Die Schrift. Verdeutscht von Martin Buber gemeinsam mit Franz Rosenzweig. Mit Bildern von Marc Chagall. Mit CD. Gütersloher Verlagshaus, Gütersloh 2007.

Dornseiff, Franz: Ägyptische Liebeslieder, Hoheslied, Sappho, Theokrit. In: Kleine Schriften. Bd. 1: Antike und Alter Orient. VOB Koehler & Amelang, Leipzig 1956, S. 189–202.

Fox, Michael V.: The Song of Songs and the Ancient Egyptian Love. Univ. of Wisconsin, Madison 1985.

Goethe, Johann Wolfgang von: Farbenlehre. Bd. 1: Entwurf einer Farbenlehre. Hg. von Gerhard Ott / Heinrich O. Proskauer. 6. Aufl. Verlag Freies Geistesleben, Stuttgart 1997.

Gollwitzer, Helmut: Das Hohe Lied der Liebe. 8. Aufl. Kaiser, München 1991.

Haag, Herbert / Katharina Elliger (Hg.): »Wenn er mich doch küsste …«. Das Hohelied der Liebe. Übers. und erklärt von Herbert Haag und Katharina Elliger. Mit Bildern von Marc Chagall. Patmos, Düsseldorf 2008.

Heumann, Alfred: Altägyptische Liebesdichtung. Wiesbaden 1959.

Kaiser, Otto: Einleitung in das Alte Testament. 2. Aufl. Mohn, Gütersloh 1970.

Kast, Verena: Paare. Wie Phantasien unsere Liebesbeziehungen spiegeln. Neuausgabe. Kreuz, Stuttgart 2009.

Keel, Othmar: Das Hohelied. Zürcher Bibelkommentare 19. 2. Aufl. Theologischer Verlag, Zürich 1992.

Kramer, Samuel Noah: Cuneiform Studies and the History of Literature: The Sumerian Sacred Marriage Texts. In: Proceedings of the American Philosophical Society 107/6, Cuneiform Studies and the History of Civilization, 1963, S. 485–527.

Mischna, Traktat Jadajim.

Rosenzweig, Franz: Stern der Erlösung. Frankfurt 1988.

Schmökel, Hartmut: Heilige Hochzeit und Hoheslied. Steiner, Wiesbaden 1965.

Schott, Siegfried: Altägyptische Liebeslieder. Mit Märchen und Liebesgeschichten. Artemis, Zürich 1950.

Schreiner, Stefan: Das Hohe Lied. Aus dem Hebräischen übersetzt und herausgegeben. Verlag der Weltreligionen im Insel Verlag, Frankfurt am Main / Leipzig 2007.

Tillich, Paul: Impressionen und Reflexionen. Gesammelte Werke XIII. Evangelische Verlagsanstalt, Stuttgart 1971.

Vielhauer, Inge: Bruder und Schwester. Untersuchungen und Betrachtungen zu einem Urmotiv zwischenmenschlicher Beziehung. Bouvier, Bonn 1979.

Wöller, Hildegunde: Das Hohelied. Eros in der Bibel, in: Christiane Neuen / Ingrid Riedel / Hans-Georg Wiedemann (Hg.): Sinne – Sinnlichkeit – Sinn. Zur therapeutischen Relevanz der Sinne. Patmos, Düsseldorf 2007, S. 113–130.

Weinfeld, Moshe: Feminine Features in the Imagery of God in Israel: The Sacred Marriage and the Sacred Tree. In: Vetus Testamentum 46/4 (1996), S. 515–529.

Zakovivh, Yair: Das Hohelied. Herders theologischer Kommentar zum Alten Testament. Herder, Freiburg im Breisgau 2004.

QUELLENNACHWEIS

Das Hohelied Salomos auf S. 27 bis S. 36, Bibelverse zu Beginn der Erläuterungen zu den einzelnen Liedtexten auf S. 37 bis S. 111 sowie alle weiteren Verse aus dem Hohenlied – wenn nicht anders angegeben –: Lutherbibel, revidierter Text 1984, durchgesehene Ausgabe, © 1999 Deutsche Bibelgesellschaft, Stuttgart.

Verse aus dem Hohenlied auf S. 7, 15, 21, 125, 127, 131, 133, 139, 141, 143: Martin Buber, Die Schrift, © 2007 Gütersloher Verlagshaus, Gütersloh, in der Verlagsgruppe Random House GmbH.

S. 88: Aus: Ingeborg Bachmann: Werke. Bd. 1: Gedichte, © 1978 Piper Verlag GmbH, München.